Historia de Francia

Una guía apasionante sobre los principales acontecimientos y personajes de la historia de Francia y de la Revolución francesa

Índice

Primera Parte: Historia de Francia

Un apasionante recorrido por los principales acontecimientos y personajes

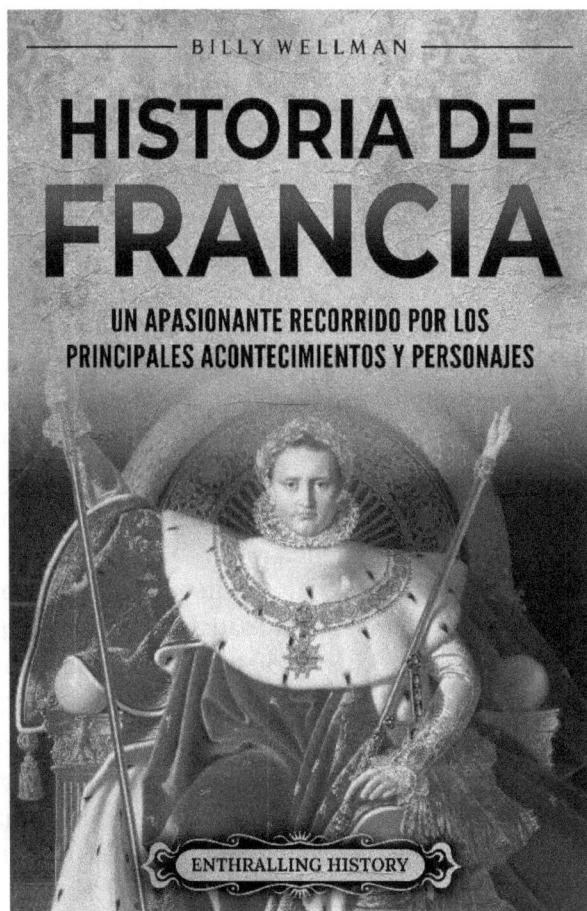

Introducción: Francia - Un rico tapiz de historia

Francia siempre ha sido un crisol de pueblos, y su historia temprana incluyó a celtas y griegos. De hecho, los griegos, recién llegados del Mediterráneo, fundaron la ciudad de Marsella en el año 600 a. e. c. en los confines del sur de Francia. Mientras tanto, los celtas comenzaron a llegar desde el norte y se apoderarían de gran parte del resto de lo que hoy conocemos como Francia, aunque las costas del sur de Francia seguirían siendo un centro mediterráneo de romanos y griegos.

El avance de los celtas solo se vería frenado cuando Julio César se enfrentó al temido líder galo Vercingetórix, saliendo vencedor en el año 52 a. e. c. Una vez establecida la provincia de la Galia romana, se fundaron muchas ciudades de estilo romano, como Lyon, que se equipó con los últimos estilos grecorromanos de teatros, circos y baños públicos.

Los lugareños se mezclaron con facilidad, mezclando culturas y genealogías celtas y romanas. Entre tanto, el latín se convirtió en la lengua dominante, anulando los dialectos más tradicionales de la región. De estas raíces latinas surgió el francés. Pero cuando el Imperio romano decayó y los bárbaros francos y visigodos asediaron la Galia romana por todas partes, la Galia estaba destinada a transformarse en Francia.

Hoy en día, Francia se beneficia de este mosaico, desde los celtas de la Galia hasta la Roma Imperial, pasando por los francos, su sucesiva línea de reyes, la Revolución francesa y más allá: todos ellos crearon la identidad francesa. Aunque algunos de estos hilos parezcan enfrentados, como los reyes franceses de antaño y la revolución que los derrocó, ambos se celebran por lo que aportaron al rico tapiz de Francia.

Por esta razón, quienes visitan Francia hoy en día pueden asistir a una conmemoración del rey Luis XIV (también conocido como el Rey Sol), para luego presenciar una estridente celebración del «Día de la Bastilla», que supuso el derrocamiento de la monarquía real. Basta decir que Francia es compleja, y su historia lo refleja. A lo largo de los siguientes capítulos, iremos desenredando uno a uno todos estos hilos singulares de la experiencia y la identidad francesas.

Capítulo 1: De la Prehistoria al Imperio romano

Aunque no existen testimonios escritos de los primeros tiempos de la ocupación humana en Francia, sí hay numerosos indicios de su animado pasado prehistórico. Las paredes rocosas de las cuevas francesas son un testimonio impresionante. Basta con echar un breve vistazo a las cavernas amuralladas de un yacimiento como la «cuevas de Lascaux», con sus impresionantes imágenes de toros corriendo por campos abiertos, para saber que, hace incluso decenas de miles de años, personas inteligentes e imaginativas llamaban hogar a esta parte del mundo.

Fue aquí donde se encendieron sus esperanzas y sueños, y donde sus mentes trataron de explorar su entorno. Las pinturas encontradas en «Lascaux» son tan impresionantes que algunos las han apodado la «Capilla Sixtina de la Prehistoria». Incluso en la Prehistoria, antes de que se inventara la escritura, los seres humanos seguían igual de desesperados por contar una buena historia. Y las paredes rocosas de muchas cuevas francesas eran el medio a través del cual se transmitían estas narraciones con tanto esmero.

El mensaje que parecen transmitir las pinturas de Lascaux es de libertad, majestuosidad y poder. Esto se percibe en las impresionantes vistas de poderosos caballos y bisontes que corren por el terreno. Se cree que los franceses prehistóricos de esta época se alimentaban de pescado más que de cualquier otra cosa, pero en su arte, el pescado no era el centro de atención. El centro de atención eran los animales que les resultaban en gran medida inalcanzables. Probablemente miraban con asombro a estas grandes bestias que corrían por los campos en la distancia.

Estos animales dinámicos eran los que más les llamaban la atención, y era su energía libre y desenfrenada la que deseaban dejar como testamento permanente de su espíritu libre era una aspiración propia. Imagínese al hombre antiguo encerrado en una cueva, escondiéndose de los elementos y de los posibles depredadores, soñando con poder salir un día a las llanuras de Francia como esas bestias salvajes libres para correr.

Un día, el hombre antiguo abandonaría por completo las cavernas y se embarcaría en la civilización. Las ciudades humanas salpicarían el paisaje y el medio ambiente se doblegaría en su mayor parte a la voluntad de la humanidad.

Los celtas fueron el primer pueblo conocido que hizo un esfuerzo significativo por domesticar la naturaleza salvaje de la Francia prehistórica. Se dice que los celtas, que probablemente procedían del interior de Europa Central, llegaron a la región de París y empezaron a utilizar el río Sena, cerca del emplazamiento de la actual capital francesa.

Los romanos que se encontraron con estos emigrantes se referían a ellos como «gauli» o «gauls», palabras romanas que significaban *bárbaro*. Los romanos no veían con muy buenos ojos a los celtas de Francia y, por mucho que intentaran agruparlos, los galos no constituían una fuerza unificada.

Los galos estaban formados por varias tribus que a menudo luchaban entre sí, y los romanos a menudo intentaban explotar este hecho en su propio beneficio. Julio César fue el que más éxito tuvo en este sentido, ya que observó que había tres divisiones principales de galos, y a menudo enfrentaba a una de estas divisiones con la otra. César insistió en que su eventual invasión de la Galia fue principalmente un ejercicio *preventivo*.

Se dice que lo hizo porque los galos de Francia a menudo lanzaban incursiones en el norte de Italia. Cuando César lanzó su ataque masivo contra la Galia en el 58 a. e. c., insistió en que era solo para impedir que los galos siguieran atacando el territorio romano. Por mucho que algunos historiadores quieran tachar todo esto de retórica política por parte de César, hay algo de verdad en estas afirmaciones. Al fin y al cabo, la paz romana solo se conseguía mediante el control absoluto de los territorios circundantes.

La única forma en que Roma podía garantizar la seguridad de sus ciudadanos frente a las incursiones galas era poniendo la Galia bajo el control de Roma. Lo mismo podía decirse de las regiones del norte de África que Roma conquistó más tarde. Hasta que la poderosa Cartago y otros poderosos vecinos fueron sometidos, siempre existió la amenaza de la guerra. Peor aún, la guerra irregular de piratas y asaltantes podía infiltrarse en el Mediterráneo y afectar también a los ciudadanos romanos.

Para los romanos, la única forma de garantizar la paz era dominar y controlar a todos sus vecinos regionales, y eso es precisamente lo que hicieron cuando los soldados romanos recorrieron el Mediterráneo hasta convertirlo en un lago romano. La invasión y conquista de la Galia francesa puede considerarse uno de los primeros pasos importantes en este proceso.

Por supuesto, la toma de la Galia y el establecimiento de guarniciones romanas tenían grandes motivos ocultos para garantizar que no se produjeran más incursiones en tierras romanas. La Galia era rica en recursos, que ayudarían a impulsar la expansión de la República romana y, en última instancia, del Imperio romano.

La guerra contra los galos también benefició al propio Julio César. Sus victorias le proporcionaron una valiosa experiencia militar que le serviría cuando más tarde luchara por convertirse en el líder supremo de la República romana. Cada vez que regresaba a Roma en un elaborado triunfo (recién salido de sus últimas victorias en la frontera occidental), probablemente se estaba preparando para la conquista más importante de todas: La propia Roma.

Luchar en la Galia le proporcionó tanto influencia política como un ejército que serviría lealmente a sus propios intereses cuando llegara el momento. El enfrentamiento entre romanos y galos fue un titánico choque de civilizaciones. Los romanos contaban con una infraestructura y un armamento más avanzados, pero los galos tenían el número y la ferocidad (por no hablar de su magnífica equitación) para plantear un enorme desafío a las legiones de Roma.

Someter a los galos no habría sido tarea fácil para nadie, pero Julio César estaba dispuesto a aceptar el reto. En estos esfuerzos, el principal antagonista que se alzó contra César fue el cacique galo Vercingetórix.

Durante uno de los primeros enfrentamientos de César con Vercingetórix, perdió legiones enteras de tropas romanas a manos de los galos. El líder galo no solo era un feroz luchador y director de compañeros de guerra, sino también un estratega a largo plazo, capaz de anticipar el panorama general que implicaba la ardua lucha a la que se enfrentaban los galos. Vercingétorix sabía que los galos se enfrentaban a una fuerza de combate con ventajas significativas; sabía que los galos tenían que maximizar cualquier ventaja que pudieran reclamar.

Una de las principales ventajas de los galos era que luchaban en su propio territorio. Conocían el terreno y sabían cómo aprovecharlo. Expertos en emboscadas, podían abalanzarse sobre sus corceles y pillar a los romanos totalmente desprevenidos. Vercingétorix también se aseguró de aprovechar el terreno incluso cuando él y sus tropas se enfrentaron a la derrota.

Por ejemplo, si se veían obligados a ceder terreno, los galos que se marchaban se aseguraban de destruir el territorio al que tenían que renunciar. Desplegaron una política sistemática de «tierra quemada», que los llevó a incendiar campos enteros para que los romanos no pudieran beneficiarse del grano que allí se cultivaba. Vercingétorix solo fracasó en su empeño cuando fue desautorizado por varios jefes por la quema de una rica provincia gala llamada Avárico.

Vercingetórix no quería que toda esa riqueza cayera en manos de César, pero sus compañeros no soportaban la idea de destruirla. Cuando los galos se vieron obligados a marcharse, los romanos recibieron esta inesperada bendición para explotarla en su beneficio. Al final, César tuvo éxito, y Vercingetórix fue derrotado y paseado durante el posterior triunfo de César en Roma.

En el año 52 a. e. c., los galos de Francia fueron prácticamente conquistados por los romanos. Esta conquista no fue tan aplastante como cabría esperar, ya que los romanos eran más bien integradores; no solían desplazar a la gente, sino que hacían todo lo posible por incorporar a los pueblos conquistados al Imperio romano. Y para los galos, que seguían el juego de los romanos y pasaban por el aro que se les había puesto delante, convertirse en ciudadanos romanos tenía sus ventajas.

En el siglo I, la civilización romana ya formaba parte de la vida en la Galia. Tan pronto como el modo de vida romano se afianzó, comenzó a ser lentamente superpuesto con algo más significativo (algunos dirían mucho más significativo). En ese mismo siglo, un predicador itinerante de Galilea, conocido como Jesucristo, inauguraría una nueva religión que arrasaría el mundo romano.

Jesús vivió, murió y, como dirían los cristianos, *resucitó* durante la primera mitad del siglo I. La religión cristiana se fundó y empezó a florecer en Oriente Medio poco después. Los evangelizadores cristianos tardaron algún tiempo en difundir esta nueva religión, pero gracias a la seguridad de las calzadas romanas, el Evangelio acabó llegando a todas las partes del Imperio romano. Y en los albores del siglo II, los habitantes de la Galia ya estaban familiarizados con él.

Una vez convertidos al cristianismo, los galos podían ser formidables luchadores por la fe, como demostró el obispo de París, san Dionisio, martirizado hacia el año 250. Se dice que Dionisio y sus colegas predicaron el Evangelio con tanta eficacia que sus frustrados competidores paganos se quejaron al gobernador romano e insistieron en que hiciera algo.

El hecho de que el martirio de san Dionisio se produjera después de que sus rivales locales lo denunciaran es coherente con la forma en que se producía la persecución cristiana en el Imperio romano precristiano. Aparte de los programas específicos de persecución de Nerón y Diocleciano, la mayoría de los funcionarios romanos se mantenían al margen de los cristianos.

Se aconsejaba no buscarlos, sino ignorarlos a menos que se les plantearan problemas concretos. Así pues, solo se tomaban medidas cuando los vecinos (o, como en el caso de san Dionisio, los competidores paganos) llamaban la atención de los cristianos. Es probable que el gobernador romano ignorara felizmente la existencia de san Dionisio y sus seguidores cristianos, a menos que los lugareños no se hubieran quejado de él.

Denunciaban a los cristianos como una amenaza para el *statu quo* de la Galia, por lo que el gobernador romano se vio presionado a tomar medidas a regañadientes. Aun así, los cristianos tenían muchas posibilidades de librarse. Así lo demuestra el famoso relato del martirio de Policarpo. Durante el martirio de Policarpo, los oficiales romanos prácticamente le rogaron que simplemente proclamara que César era Dios y terminara con eso, para que pudieran dejarlo ir.

A los funcionarios no les importaba mucho si Policarpo seguía siendo cristiano en secreto, siempre y cuando hiciera una declaración pública en solidaridad con el emperador para que pudieran enviar un informe a Roma de que habían restaurado el orden. Policarpo, por supuesto, no estaba dispuesto a hacer tal cosa, por lo que fue ejecutado. Lo mismo puede decirse del martirio de san Dionisio.

Al igual que Policarpo, san Dionisio se negó a retractarse de su fe y, tras dos años de prisión, fue ejecutado. Lo sacaron de su celda y lo colocaron en una colina alta, donde un soldado romano lo hizo arrodillar antes de decapitarlo. Pero según la leyenda popular, este no fue el final de la historia. Se dice que el santo martirizado recogió la cabeza, se levantó y comenzó a predicar el Evangelio de nuevo.

Puede que hoy nos cueste un poco creer tales cosas, pero sin embargo, el martirio de san Dionisio destacó, y la misma colina donde encontró su destino recibió su nombre, conocido en Francia como «Montmartre». Se cree que este nombre deriva de las palabras latinas «Mons Martyrum», que se traduce como «El monte de los mártires».

Los cristianos de la Galia no tendrían que esperar mucho para su liberación. En 313, debido a un edicto especial realizado en Milán por los emperadores conjuntos Constantino y Licinio, se consideró que la religión cristiana recibiría tolerancia oficial en todo el Imperio. Esto significaba que los cristianos de la Galia ya no tenían que temer encontrarse en el lado equivocado de sus vecinos paganos.

Sí, ahora los galos cristianos podían podar accidentalmente y en paz el árbol de su vecino pagano sin temor a que los vecinos malhumorados los denunciaran a las autoridades romanas por puro rencor. Ahora podían respirar. Y después de que Constantino se convirtiera en la única autoridad del Imperio romano, se encargó de que el cristianismo no solo fuera tolerado, sino que se convirtiera en la fuerza motriz del propio imperio.

Mientras tanto, la Francia gala se convertiría en un magnífico centro de cultura y cristianismo. Sin embargo, el Imperio romano ya había pasado su apogeo y, en los albores del siglo V, las regiones fronterizas sufrían el asalto constante de diversas tribus beligerantes. Los principales antagonistas eran las tribus germánicas de ostrogodos, visigodos y vándalos.

De ellos, los vándalos son los que más llaman la atención, ya que las palabras «vándalo» y «vandalizar», utilizadas hoy en día en el lenguaje común, derivan de los propios vándalos. A los vándalos se les daba muy bien realizar incursiones repentinas y emboscadas en las que destrozaban ventanas, quemaban edificios y, en general, destruían todo lo que encontraban a su paso. En otras palabras, ¡*vandalizaban* todo!

Pero aun así, los vándalos se convirtieron en los invasores más amistosos con Roma. La mayoría de los vándalos se habían hecho cristianos, aunque su forma de cristianismo difería de la fe católica propugnada por Roma. Los vándalos habían entrado en contacto con una variante diferente del sistema de creencias rechazado por los católicos; seguían las enseñanzas de Arrio.

Arrio creía que Jesús no era igual y uno con Dios a través de la Trinidad, al contrario de lo que creían los católicos. En su lugar, Arrio insistía en que Jesús había sido creado por Dios Padre y, por tanto, era secundario respecto a él. Los que seguían esta variante de fe eran llamados arrianos y técnicamente considerados herejes por la Iglesia católica romana.

Así pues, aunque los vándalos tenían algunas cosas en común con Roma, las diferencias que albergaban eran más que capaces de abrir una brecha entre ambas civilizaciones. Aun así, los vándalos eran vistos con mejores ojos que un grupo como los hunos, procedentes de Mongolia, cuyas costumbres y modo de vida parecían mucho más ajenos a los romanos que los vándalos.

Fue Atila el Huno cuyos ejércitos supondrían una grave amenaza para los romanos en la década de 450. Atila y su horda acabarían siendo derrotados, principalmente gracias a las unidades auxiliares romanas compuestas por vándalos. Sin embargo, fue después de la derrota de los hunos cuando los vándalos y otras tribus comenzaron a conquistar el Imperio romano.

Fue en 476 e. c. cuando el último emperador romano, Rómulo Augusto, se vio obligado a dimitir. Aunque a menudo se hace referencia a este hecho como la caída del Imperio romano, solo cayó el Imperio romano de Occidente. La mitad oriental, de habla griega, seguiría viva. Aunque Roma había caído, los habitantes del Imperio romano de Oriente seguían considerándose parte *del* Imperio romano. Con el tiempo, esta mitad del imperio pasó a llamarse Imperio bizantino para distinguirse del Imperio romano de Occidente.

Sin embargo, la Galia no volvería al redil romano.

Capítulo 2: Tras la caída de Roma

Tras la caída del Imperio romano, los galos se quedaron solos. Y en el vacío de poder, varios caudillos, jefes y gobernantes se alzarían con el poder en varios enclaves de la Galia. Un ejemplo temprano de este liderazgo es el rey franco Clodoveo. Convertido en rey de los francos en 481, Clodoveo es considerado a menudo como el primer verdadero rey de Francia.

Clodoveo era una fuerza a tener en cuenta, ya que unió bajo su dominio a casi toda la Francia actual. En el momento de su muerte, en 513, se dice que gran parte de las fronteras que conocemos como Francia, con la adición de la actual Bélgica, estaban bajo el dominio de Clodoveo. Si bien se suele considerar a Clodoveo como parte del proceso de derrocamiento de la dominación romana, también fue una prolongación de la misma en muchos aspectos.

Él y su padre, Childerico, tenían profundos vínculos con la maquinaria militar y política romana. De hecho, Childerico fue uno de los principales generales del ejército romano-germánico que logró acabar con la amenaza de Atila el Huno. Es probable que Clodoveo hubiera seguido colaborando con los romanos si no hubiera quedado claro que el Imperio romano estaba en ruinas.

En lugar de sostener una casa que se caía, Clodoveo decidió participar en su demolición. Como tal, se enfrentó a un remanente de fuerzas romanas y galas en 486, derrotándolas contundentemente en la batalla de Soissons. Pero no fueron los únicos a los que derrotó; también aplastó a un ejército de visigodos en Vouillé hacia 507. Unos años más tarde, en

511, hizo reconfigurar una ciudad llamada París para convertirla en la capital de su reino.

Clodoveo mantuvo gran parte de la administración y costumbres romanas locales durante todo este tiempo. Aunque Clodoveo había derrotado a los soldados romanos en la batalla, seguía comprendiendo el valor inherente de la infraestructura civil romana y deseaba mantener gran parte de ella intacta. Como muchos después de él, Clodoveo no se consideraba tanto un usurpador como una continuación de la poderosa Roma que había derrocado. Además de mantener las costumbres y la burocracia civil romanas, el rey Clodoveo también adoptó la fe católica romana del cristianismo. Fue en 496 que Clodoveo supuestamente tuvo una conversión dramática a la fe. Estaba enzarzado en una batalla contra un ejército bárbaro cuando parecía que sus fuerzas estaban a punto de perder. En su desesperación, clamó al Dios cristiano de su esposa, «Clotilde».

La esposa del rey Clodoveo ya era católica romana y, al parecer, había estado presionando a Clodoveo para que se convirtiera. Según Clodoveo, en medio de esta batalla, probó seriamente la fe de su esposa; se dice que clamó a Dios y, de repente, la batalla se decantó a su favor. Él y sus tropas salieron victoriosos.

Su conversión fue un gran acontecimiento, ya que, como rey, hizo que sus súbditos se convirtieran también. Esto aseguró que Francia, sin importar el destino del Imperio romano, seguiría siendo católica. Clodoveo estableció una larga línea de gobierno en lo que se ha denominado el reinado de los reyes «merovingios». Se dice que hubo 27 de los llamados merovingios, hasta llegar a Childerico III, el último de la línea merovingia.

Childerico III fue sustituido por Pipino el Breve, lo que marcó el inicio de los carolingios. Los carolingios alcanzarían la fama con el épico monarca carolingio Carlomagno el Grande. Entre estas líneas dinásticas destacan algunos nombres, como Dagoberto I y Carlos Martel. Estos líderes fueron conocidos por hacerse con tierras en nuevas conquistas o por su formidable defensa y consolidación de lo que ya controlaban.

Dagoberto I es conocido por apoderarse de Alsacia, los Vosgos y las Ardenas. El poderoso Carlos Martel fue conocido por su férrea defensa del reino, especialmente tras el ascenso del islam, cuando Martel impidió una invasión de los ejércitos islámicos. Aunque España fue invadida y capturada, iniciando una Reconquista de siglos para recuperarla, Francia bajo Martel sería el obstáculo que frenaría y finalmente detendría el avance islámico.

Pero, ¿quién era Carlos Martel? Era el hijo ilegítimo de Pipino II, que, aunque no era rey por derecho propio, era un poderoso conde del reino merovingio que gobernaba su propio rincón de Francia. Fue decisivo para salvar el reino en 687 y restaurar el dominio merovingio que se había visto temporalmente interrumpido. Pipino II murió en 714, y cuando Francia se vio acosada por las luchas, fue su hijo, Carlos Martel, quien buscó su seguridad.

Martel era un comandante militar hábil y capaz. Primero se enfrentó a tribus germánicas invasoras en el norte antes de enviar sus tropas al sur para detener las incursiones islámicas que se habían extendido desde la vecina España. En el año 732, logró detener a los invasores en Poitiers. Aunque este acontecimiento tuvo lugar unos siglos antes del inicio de las cruzadas, los grandes elogios y la estima que Martel recibió no solo en Francia, sino en todo el mundo cristiano, fue similar a cómo se vería a los cruzados.

Martel era considerado no solo un hábil guerrero que había detenido una invasión, sino nada menos que un campeón de Dios que había evitado la destrucción de la propia cristiandad. Estaba claro que la brillante dinastía carolingia de Carlos Martel estaba destinada a eclipsar a la dinastía merovingia, cuyo sol ya había empezado a ponerse. Pero los carolingios no iban a derrocar a sus predecesores, como se hizo con los romanos.

Por el contrario, los carolingios intentaron en un primer momento apuntalar a los merovingios en decadencia y solo los suplantaron cuando no les quedó más remedio. Tras la muerte de Martel en 737, sus hijos Carlomán y Pipino III se esforzaron por reprimir las revueltas en el reino y hacer frente a las amenazas exteriores, al tiempo que apoyaban al último rey merovingio, Childerico III. Por el momento, se contentaron con ejercer su poder militar tras la fachada de Childerico III.

Solo en 747, cuando esta situación ya no era sostenible, Pipino III (también conocido como Pipino el Breve) se convirtió en el primer rey carolingio de Francia. Su hermano Carlomán regresó a una abadía en Montecassino, Italia, cediendo todo el poder a su pequeño pero poderoso hermano, Pipino el Breve. Pipino fue un gran estratega que preparó el terreno para lo que vendría después.

Pipino fue el primero en establecer la práctica de crear una asamblea de nobles para que realmente «votaran» por él para convertirse en rey. También fue el primero en buscar y recibir el apoyo oficial del papa. Pipino, a cambio, correspondió a la amabilidad del papa concediéndole tierras en Italia Central que acababan de ser arrebatadas a los enemigos de Pipino; estas tierras se convertirían finalmente en los Estados Pontificios.

El papa Esteban II dio oficialmente su bendición a la corona carolingia en 751. Algunos historiadores han señalado que este hecho es también muy importante para los reyes franceses posteriores, ya que fue entonces cuando se desarrolló por primera vez la noción de gobierno absolutista por «derecho divino». Tras la muerte de Pipino en 768, su hijo, el gran Carlomagno, se convirtió en su sucesor.

Carlomagno continuaría el legado de combinar el poder marcial y militar con la fuerza de una fe católica unificada. En muchos sentidos, Carlomagno sería el precursor de las cruzadas y la Inquisición por su forma de tratar a las tribus germánicas paganas de sus fronteras septentrionales. Fue Carlomagno quien cargó sin piedad contra los nórdicos paganos en Sajonia, no solo haciendo la guerra contra sus ejércitos, sino también contra su religión.

Durante este conflicto, ordenó la destrucción de santuarios paganos, el más infame, el de Irminsul, en la actual Dinamarca. Según la religión nórdica, el Irminsul era un árbol o pilar sagrado que representaba el árbol de la vida. Los nórdicos decían que si el Irminsul caía, comenzaría el *Ragnarök* (la versión nórdica del Armagedón).

Así pues, cuando Carlomagno mandó quemar todo aquello, probablemente no fue una coincidencia que poco después comenzaran las incursiones vikingas desde Escandinavia que sacudirían Europa hasta sus cimientos. Al parecer, los vikingos sentían que estaban librando su propia guerra santa contra el rey cristiano Carlomagno, y la destrucción de Irminsul probablemente contribuyó a desencadenarla.

En cualquier caso, Carlomagno acabó dominando Sajonia y fue entonces cuando comenzó su versión de la Inquisición. No le bastaba con que sus súbditos conquistados se declararan cristianos de palabra, sino que tenían que demostrar su fe. Y si se hacían averiguaciones y no se consideraba a alguien suficientemente cristiano, Carlomagno no dudaba en ejecutarlo.

Como ya se ha mencionado, se podría argumentar que estas cosas sentaron parte del precedente y las bases para las posteriores cruzadas y la

Inquisición. En cualquier caso, la mayor bendición de Carlomagno en cuanto a la configuración de la dinámica entre la Iglesia y el Estado llegó en el año 800, cuando el papa León III, acosado por sus propios problemas, decidió coronar emperador a Carlomagno.

El papa León III apreciaba los esfuerzos de Carlomagno por difundir y proteger la fe cristiana, y necesitaba urgentemente la protección de Carlomagno. El papa León III estuvo a punto de ser asesinado por una turba enfurecida justo antes de coronar a Carlomagno. Desde la caída del Imperio romano, la Iglesia católica romana se encontraba en una situación precaria.

Sin la protección de los romanos, el papa se veía obligado a enfrentar a los poderosos locales en un maquiavélico intento de mantenerse a flote. Sin embargo, no todos los papas tuvieron éxito en sus maquinaciones, y después de que León III entrara en conflicto con una secta de cardenales que contaban con el apoyo de un agresivo señor de la guerra, el propio papa León se vio en peligro. Viajaba por las calles de Roma cuando estuvo a punto de ser asaltado.

Lo único que lo salvó fue la presencia de algunas tropas de Carlomagno, que acudieron al rescate en el último momento en lo que debió parecer un milagro. El papa León III se dio cuenta de quién le cubría las espaldas y decidió unirse a Carlomagno, declarándolo emperador. Ningún gobernante occidental había sido declarado como tal desde la caída de la mitad occidental del Imperio romano.

Mientras tanto, los sucesores bizantinos del Imperio romano de Oriente estaban indignados y criticaban a León con dureza. Pero cualquier amenaza de los bizantinos en este punto era vacía e inútil. Los bizantinos de la lejana Grecia no estaban en condiciones de defender al papa, y mucho menos de atacarlo. Por lo tanto, el papa León III se unió a Carlomagno. Este sería el comienzo de lo que finalmente se conocería como el *Sacro Imperio Romano Germánico*.

Es sorprendente lo poco que muchos saben sobre el Sacro Imperio Romano Germánico, pero este conglomerado de estados de Europa occidental y central se convertiría en un actor importante en los asuntos mundiales hasta su disolución definitiva a principios del siglo XIX. En cualquier caso, se trataba de un gran acontecimiento, y además de realinear la autoridad papal con el poder occidental, las ondas expansivas del apoyo del papa León a Carlomagno también pusieron las primeras grietas en la fachada de que la cristiandad occidental y oriental estaban unidas en una fe «católica» universal.

Los cristianos orientales comenzarían a verse a sí mismos como originalistas ortodoxos y a los católicos como usurpadores; la tensión que comenzó con la coronación de Carlomagno continuaría hasta que el cisma oficial de 1054 separó definitivamente a las iglesias orientales y occidentales. En cualquier caso, Carlomagno era una fuerza a tener en cuenta. A su muerte, en 814, había logrado dominar casi toda la Francia actual, lo que hoy es Alemania y gran parte del norte de Italia.

Carlomagno controlaba el mayor territorio de Europa Occidental desde los tiempos del Imperio romano de Occidente, por lo que llamarlo emperador no era una exageración. El mayor problema tras su muerte fue cómo conservar y consolidar todo lo que Carlomagno había ganado. Afortunadamente para sus sucesores, Carlomagno ya había sentado las bases.

Antes de su muerte, Carlomagno desempeñó un papel activo en la administración. Viajó mucho para instalar e instruir a los administradores locales y, quizá lo más importante, creó un consejo de la nobleza que se reunía periódicamente para discutir la mejor manera de administrar sus secciones del imperio. A Carlomagno también se le atribuye el impulso de la intelectualidad de su reino, financiando la construcción de monasterios y animándolos a convertirse en talleres de alfabetización, en los que se transcribían manuscritos antiguos y se componían otros nuevos.

Se dice que durante este periodo, los monjes de Carlomagno desarrollaron el sistema de letras mayúsculas y minúsculas del alfabeto latino, tal y como lo conocemos hoy. Con el perfeccionamiento de la escritura oficial, también comenzó a refinarse el dialecto hablado de la región. En esta época se puso de moda el llamado «francés antiguo». A pesar de sus importantes logros, a la muerte de Carlomagno en 814, la economía sufrió un declive y la gran cantidad de tierras heredadas por su sucesor, Luis el Piadoso, resultó demasiado difícil de controlar por sí solo.

Por ello, en 817, decidió dividir su botín entre sus tres hijos. La intención de Luis era que las tierras se repartieran tras su muerte, pero las luchas por el territorio comenzaron en vida. En esta lucha dinástica, los hijos se volvieron contra su padre y, en última instancia, se enfrentaron entre sí por la supremacía. Las luchas no terminaron hasta el Tratado de Verdún, en el año 843.

Este tratado dividió oficialmente el imperio entre los tres herederos de Luis. El hijo de Luis, «Carlos el Calvo», recibió el territorio entonces conocido como «Francia Occidental», que constituía gran parte de lo que hoy llamamos «Francia». Mientras tanto, Luis, el hermano de Carlos el Calvo, recibió el control de la «Francia Oriental», que consistía en gran parte de lo que más tarde se convertiría en la actual Alemania.

A Lotario (el otro hermano) se le cedió lo que entonces se llamaba Lotaringia, una estrecha pero larga franja de territorio que discurría directamente entre Francia Occidental y Oriental. Lotaringia es quizás el reino más fascinante que surgió, ya que se extendía desde Bélgica y los Países Bajos hasta su extremo más septentrional; luego, a medida que avanzaba hacia el sur, atravesaba partes del este de Francia y el oeste de Alemania, mientras se extendía más allá de los Alpes y hacia el norte de Italia. Todo ello preparaba el terreno para el nuevo reino de Francia que estaba a punto de formarse.

Capítulo 3: Un nuevo reino

Tras la firma del Tratado de Verdún en 843, el Estado sucesor del antiguo imperio carolingio —la Francia occidental— sufrió varias incursiones de antagonistas externos. A lo largo de gran parte de los siglos IX y X, la región se enfrentaría a varias invasiones procedentes de muy lejos. Ejércitos islámicos, incursores vikingos y guerreros húngaros pusieron a prueba su metal contra las espadas de los franceses.

Pero de todas estas amenazas, siempre eran los vikingos (o, como se los solía llamar, los «hombres del norte» o «nórdicos») los que representaban la mayor amenaza. Desde que Carlomagno agitó el avispero de los nórdicos en la parte alta de Escandinavia, enjambres de vikingos habían descendido desde el norte. Y fuera todo parte de un plan intencionado o de la casualidad, los descendientes del mismo pueblo nórdico que Carlomagno había insultado llegarían al antiguo corazón de su imperio en el oeste de Francia.

A lo largo de la década de 840, los nórdicos causarían estragos, asaltando ciudades francesas, y en 851 saquearían París. Los nórdicos acamparon permanentemente a lo largo del bajo Sena, lo que llevó a Carlos el Simple a negociar una tregua con el líder vikingo Rollo, concediendo a sus guerreros nórdicos una larga franja de la costa occidental de Francia, que a partir de entonces se llamaría Normandía.

El nombre deriva del latín *Northmanni*, que se traduce al español como simplemente «hombres del norte». Por muy duro que esto pudiera haber sido para la estima francesa, la apuesta de Carlos el Simple dio resultado, y los nórdicos resultaron ser bastante buenos vecinos. Rollo fue nombrado duque y se convirtió en un cristiano que juró lealtad al rey de Francia.

Aun así, la dinastía carolingia ya había sido desbaratada. El final no llegó por la guerra, sino por el simple voto de una asamblea de notables en 888 que había elegido a Roberto el Fuerte como rey. Esta línea dinástica robertiana llevaría a Hugo Capeto a convertirse en rey de Francia en 987. Pero aunque ahora se lo conoce como rey de Francia, en aquella época era más probable que se llamara a sí mismo «rey de los francos».

¿Cuál es la diferencia, cabría preguntarse? Aunque las regiones circundantes eran posiblemente sus vasallos, la única tierra que Hugo Capeto controlaba directamente era una franja de territorio que rodeaba París. Y las regiones periféricas eran tan hostiles e impredecibles que se ha dicho que aventurarse en ellas habría estado plagado de dificultades. Las cosas estaban tan mal que algunos han comparado su condición con la de estar bajo arresto domiciliario.

El historiador y escritor francés John Julius dijo:

> *«Entre París y Orleans, poseía ciudades y fincas que se extendían a lo largo de cuatrocientas millas cuadradas; también había un par de pequeñas propiedades cerca de Angers y Chartres. Pero en ningún otro lugar de Francia podía viajar con seguridad; hacerlo habría sido arriesgarse a una captura casi segura, y aunque tal vez le habrían perdonado la vida, con toda seguridad le pedirían un rescate, muy probablemente en condiciones extremadamente desagradables. "El sucesor de Carlomagno —comentó un contemporáneo— no se atrevía a salir de casa". Fue sin duda esta incertidumbre, este sentimiento constante de estar viviendo una mentira, lo que le impidió llamarse a sí mismo rey de Francia; ni tampoco lo hizo ninguno de sus sucesores hasta Felipe Augusto a finales del siglo XII. "Rey de los francos" —Roi des Francs— fue el título con el que fue coronado, y rey de los francos siguió siendo».*

Curiosamente, si este primero de la estirpe de los Capetos fue esencialmente un rehén bajo arresto domiciliario, resulta entonces bastante irónico que el último de los Capetos, el rey Luis XVI, asesinado durante la Revolución francesa, ¡también acabara sus días bajo arresto domiciliario! Hacia el final, el rey Luis XVI intentó salir de su palacio en un par de ocasiones solo para ser frustrado y devuelto. Por tanto, se puede decir que no era seguro para un Capeto entonces, ¡ni tampoco para un Capeto bajo el reinado de Hugo Capeto!

Aunque su reino se había reducido considerablemente, fue Hugo Capeto, que en realidad era bisnieto de Roberto el Fuerte, quien iniciaría la «dinastía de los Capetos» que duraría hasta que el rey Luis XVI y María Antonieta perdieran la cabeza en la Revolución francesa de la década de 1790. Teniendo en cuenta la duración de esta línea dinástica, parece que Carlos el Simple no era tan simple después de todo, ya que su táctica dio sus frutos.

Los invasores normandos, en lugar de derrocar a Francia, acabaron siendo absorbidos por el mosaico más amplio de la sociedad francesa. Aun así, esta absorción tardaría algún tiempo en ser completa, y en las primeras fases, sin duda, había muchas posibilidades de que el duque de Normandía se rebelara. Esto ocurrió en 1066, cuando se lanzó la invasión normanda de Inglaterra.

En palabras de W. Scott Haine, conocido investigador y escritor sobre la historia de Francia, el rey de Francia «fue poco más que un espectador» de esta espectacular conquista emprendida por uno de sus vasallos. Como a menudo se ha afirmado con cierto cinismo, la Edad Media europea podría resumirse en «vasallos y castillos». Es decir, a partir de ese momento reinó el feudalismo.

Puede que el duque de Normandía fuera un caso atípico por la independencia y la fuerza que demostró, pero en realidad toda Francia era un mosaico de terratenientes feudales que, aunque juraban lealtad al rey de Francia, controlaban directamente la tierra que ocupaban y la administraban a su antojo, así como a las personas que vivían en ella. No siempre era el régimen más agradable, y el bienestar de los ciudadanos dependía por completo de la amabilidad (o falta de amabilidad) de sus señores.

Pero la alternativa no era mejor para el ciudadano medio de la época. Sin el poder de un señor local y sus ejércitos para proteger la vida de sus súbditos y las escasas posesiones que pudieran tener, habrían estado completamente solos. Y en esos tiempos oscuros y duros, los campesinos que vivían por su cuenta en algún campo se exponían a los ataques y asaltos de cualquier bandido armado que pasara por allí.

Por ello, la mayoría aceptaba el destino de ser vasallo de un fuerte terrateniente feudal a cambio de la protección que podían proporcionarle los fuertes muros de su castillo y las espadas de sus caballeros. Por simple que fuera, este era el pacto social básico de la época. Sin embargo, las guerras periódicas entre los señores locales a menudo eran demasiado para los más pacíficos.

Esto llevó a la Iglesia a intervenir en 989, cuando los concilios eclesiásticos iniciaron el llamado movimiento «Paz de Dios» en un intento de lograr una mediación no violenta en los conflictos. Este movimiento se reavivó en 1027 con el movimiento de la «Tregua de Dios». Este movimiento también dio el paso de declarar que no debía haber enfrentamientos en días sagrados como la Cuaresma, el Adviento, la Pascua y los domingos.

Por muy bienintencionado que fuera, el hecho de que la gente quisiera matarse entre sí (pero solo lo pospusiera porque era domingo) probablemente hizo que los cínicos se volvieran aún más cínicos. Lo único que frenó la guerra feudal fue cuando, en el año 1095, cierto papa francés llamado Urbano II convocó una cruzada contra las fuerzas del islam. Una vez más, los cínicos podrían señalar que tal vez la mejor solución para poner fin a todas estas luchas internas de cristianos contra cristianos era unirlos contra un enemigo común.

Pero por muy cínicos que queramos ser, y el papa Urbano II probablemente consideró tal cosa, no podemos olvidar que las cruzadas fueron mucho más complicadas que eso. Por muy convenientes que pudieran haber sido las cruzadas para este problema en particular, el papa no atacó aleatoriamente a las fuerzas islámicas solo para unir a la cristiandad feudal. El papa estaba respondiendo a una petición de ayuda de los bizantinos cristianos de Constantinopla (más tarde conquistada y renombrada Estambul), que estaban siendo invadidos y atacados por ejércitos musulmanes.

La llamada a la cruzada fue provocada inicialmente por la agresión musulmana contra Constantinopla, pero el papa endulzó el trato declarando que la Tierra Santa de Levante, que había caído en manos de las fuerzas musulmanas en el siglo VII, también debía ser reclamada. El hecho de que las cruzadas unieran a los cristianos feudales, hasta entonces volubles y díscolos, puede considerarse un beneficio añadido de esta llamada a la acción, pero no la verdadera razón que la motivó.

Sin embargo, los franceses (o, como aún se los llamaba a menudo, los francos) se llevaron la peor parte de esta empresa. En efecto, la gran mayoría de los cruzados enviados eran franceses, sobre todo durante la primera cruzada. Los cruzados ingleses y alemanes reforzaron el número de cruzados en las cruzadas posteriores, pero los franceses siempre aportaron un gran contingente de mano de obra. Y cuando los cruzados lograron arrancar Jerusalén (junto con varias otras ciudades) de las garras de los musulmanes, nombraron a un noble francés, Godofredo de Bouillon, rey del recién establecido «Reino de Jerusalén».

El hecho de que los vencedores de este conflicto recurrieran inmediatamente a los patrones feudales a los que estaban acostumbrados es un testimonio de lo fundamentalmente arraigada que estaba esta forma de gobierno. Se dieron cuenta de que el lejano rey de Francia no sería capaz de administrar Jerusalén, por lo que inmediatamente se dispusieron a establecer su propio potentado local para administrar el reino recién conquistado. A Godofredo no le interesaba que lo llamaran «rey», pues se sentía indigno de tal cosa.

Por ello, oficialmente se lo llamaba «defensor del Santo Sepulcro». Aunque extraoficialmente, entre bastidores, se lo llamaba rey de Jerusalén, le gustara o no. El hombre que eligieron para este papel solo estaba destinado a vivir un año más antes de perecer abruptamente, instigando una pequeña crisis, hasta que los nobles encontraran a otro que asumiera el reto.

En cuanto a las cruzadas, Oriente Medio no fue la única región en la que las emprendieron los franceses. A principios del siglo XII, cuando la herejía se extendió por el suroeste de Francia, conocido como el «Languedoc», se enviaron tropas francesas. La *cruzada albigense* había comenzado a instancias del papa.

Esta cruzada se libró contra una secta religiosa conocida como los cátaros, que eran esencialmente una versión modificada del gnosticismo cristiano, que suscribía la noción de panteísmo. El panteísmo es la creencia de que prácticamente todo y todos son una manifestación de Dios. Aunque muchos cristianos suscribirían el concepto de que Jesucristo era una manifestación de Dios, la idea de que *todos* formamos parte de esa misma manifestación parecería absurda y herética.

Pero esto es precisamente lo que creían los cátaros. Peor aún, para la Iglesia católica, era la creencia cátara en el *dualismo*, que hablaba de la bondad de Dios igual a la maldad de Satanás. Esto parecía un equívoco bastante alarmante para los católicos; para ellos, era como si los cátaros estuvieran predicando que el diablo era igual al Todopoderoso. Es comprensible que la Iglesia católica denunciara tal creencia.

En cualquier caso, el principal foco de esta cruzada, que comenzó en serio en 1208, estaba en la ciudad de Toulouse y sus alrededores. Fue aquí donde la variante cátara del gnosticismo prosperó absolutamente. El papa se tomó muy en serio la erradicación de esta corriente, hasta el punto de que envió a su propio legado papal, Arnaldo Amalrico, para supervisar la operación. En la correspondencia entre él y el papa, Amalrico informaba alegremente de la destrucción de los cátaros y le agradecía la eliminación de lo que denominaba «enemigos pestilentes».

De hecho, los cátaros de Francia eran vistos como una plaga mortal que necesitaba ser aniquilada antes de que sus supuestas «creencias heréticas» se extendieran aún más. Esto se consideró lo suficientemente importante como para que se utilizara un vasto contingente de los mejores caballeros de Francia para aplastar a la secta albigense de una vez por todas. La cruzada albigense no terminó hasta 1229 con la firma del Tratado de París.

La madre del futuro rey de Francia (Luis IX), Blanca de Castilla, contribuyó a poner fin a este sangriento asunto. Veinte años después de que concluyera la cruzada albigense, su hijo Luis IX dirigió la *séptima cruzada* hasta Egipto en 1248. Esta misión fue dirigida por el rey francés Luis IX. Posteriormente, Luis IX sería conocido como san Luis, y hay una razón para ello: era extremadamente devoto y piadoso —algunos dirían incluso celoso— de la fe cristiana.

Gran parte del entusiasmo de Luis IX por las cruzadas se remonta a una enfermedad que había contraído. Al parecer, la enfermedad estuvo a punto de acabar con el rey y, en su lecho de enfermo, supuestamente juró ir a una cruzada si se recuperaba. En efecto, se recuperó. Y como consecuencia, consideró que la cruzada era lo menos que podía hacer por su recuperada salud.

Esta séptima cruzada tuvo un impulso totalmente diferente al de la primera cruzada. Desde los días de la primera cruzada, la Tierra Santa ya estaba casi perdida. Jerusalén fue perdida por los cruzados en 1187, y en la década de 1240, tenían lo que realmente solo equivalía a un dedo del pie en la esquina noroeste de Levante. Teniendo en cuenta que era Jerusalén lo que los cruzados querían recuperar tan desesperadamente, uno podría preguntarse por qué los cruzados no se dirigieron directamente a Jerusalén.

Pero había una razón para ello: Luis IX estaba convencido de que sería más fácil establecer una base en Egipto, marchar a través del Sinaí hasta Palestina y luego dirigirse a Jerusalén desde el sur. En 1249, las fuerzas del rey francés desembarcaron en Egipto, y las fuerzas egipcias se encontraron con las francesas casi de inmediato. Estas fuerzas estaban dirigidas por el comandante egipcio Fakhr al-Din. Al principio, los franceses lograron arrollar y hacer retroceder a las tropas del general egipcio. Y, curiosamente, pudieron tomar después la ciudad egipcia de Damieta sin luchar, ya que Fakhr al-Din ordenó evacuarla por completo.

Pero por mucho que esto pudiera parecer una victoria para los cruzados franceses, en realidad formaba parte de la estrategia a largo plazo de Fakhr al-Din. Este sabía muy bien que los franceses tendrían dificultades para mantener la ciudad, sobre todo cuando el calor del verano empezara a apoderarse de ella y escasearan los recursos. Así que el astuto general egipcio pensó en trasladar sus tropas más al norte, a lo largo del río Nilo, a una guarnición llamada «al-Mansurah» para consolidar su fuerza y permitir que los invasores cruzados se debilitaran.

Se contentó con esperarlos y dejarlos perecer, incluso desafiándolos a salir a campo abierto y enfrentarse a él y a sus tropas en una batalla abierta que con toda seguridad perderían. Mientras tanto, el sultán egipcio, al-Salih, había perecido abruptamente. Esto podría haber sido una bendición para la moral francesa, pero solo si hubieran sabido que había ocurrido. Sin embargo, una vez más, Fakhr al-Din demostró ser un sabio estratega al mantener en absoluto secreto la noticia de la muerte del sultán mientras ejercía de jefe de Estado.

Luis y sus caballeros perdieron por fin la paciencia esperando en Damieta y, el día de Navidad, marcharon para enfrentarse a sus oponentes en al-Mansurah. Ambas fuerzas se enfrentaron desde orillas opuestas del río. Se lanzaron flechas y piedras, incluso con agua de por medio.

El enfrentamiento continuó durante algún tiempo, hasta que en la primavera de 1250 se descubrió una parte estrecha del río que se podía cruzar a caballo. Sin embargo, su travesía no pasó desapercibida, y Luis y sus hombres se percataron de que un pequeño contingente de exploradores egipcios los vigilaba. Los cruzados salieron en su persecución, aunque no todas sus tropas habían cruzado.

Desastrosamente, persiguieron al pequeño grupo de espías hasta el mismo al-Mansurah. Esto jugó exactamente a favor de Fakhr al-Din, ya que ahora podía luchar contra los cruzados en su propio territorio. Los cruzados fueron diezmados y la retirada desordenada comenzó el 5 de abril. Los cruzados fueron vistos corriendo por las orillas del río Nilo mientras su enemigo apuñalaba y disparaba flechas a sus espaldas.

Pero lo peor estaba por llegar, ya que el rey Luis IX fue hecho prisionero en la confusión. Se exigió una gran cantidad de dinero por su regreso. Para el rescate de este rey, los franceses tuvieron que asaltar las arcas de sus propios caballeros templarios para conseguir los fondos para pagar el rescate. Finalmente, Luis regresó a Francia en 1254, triste, destrozado y decepcionado.

Aun así, volvería a intentarlo en 1270. Esta vez, sin embargo, el rey Luis, ya mayor, apenas llegó a Egipto, y pereció poco después de llegar debido a una enfermedad. Irónicamente, fue una enfermedad la que le hizo embarcarse hacia Egipto en primer lugar, y fue una enfermedad la que puso fin a su misión. No obstante, fue venerado por los franceses por su dedicación a la causa del cristianismo y más tarde fue declarado santo.

Por esta razón, hay innumerables ciudades, como «San Luis, Missouri» o masas de agua, como el «río San Luis», que llevan el nombre de este monarca francés. Al gran san Luis le sucedió el rey Felipe III. La mayoría de los historiadores coinciden en que durante su reinado no ocurrieron grandes acontecimientos. Durante el reinado de Felipe IV, mucho más agitado, se inició en 1285 un terrible conflicto con la Iglesia católica.

Felipe IV deseaba imponerse al papa sobre quién tenía la última palabra en asuntos de la Corte y del país. Felipe intentó resucitar el derecho romano que consideraba el «deseo del rey» como «el deseo de la ley». Pero el papa Bonifacio VIII rápidamente señaló que al papa técnicamente Dios le había dado autoridad «sobre todos los gobernantes temporales». Esto condujo a una extraña y hostil lucha entre la Iglesia y el Estado francés que no existía antes. Y solo terminó cuando el papa Bonifacio pereció en 1303.

Su sucesor Benedicto XI duraría aproximadamente un año antes de perecer el 7 de julio de 1304. Fue sucedido por un papa que sería mucho más complaciente con las demandas del rey francés: El papa Clemente V. En este contexto de intriga e incertidumbre, el Estado francés y la Iglesia católica romana protagonizarían otro acontecimiento infame: la disolución de los caballeros templarios. Fue en 1307 cuando el mismo rey francés, Felipe IV, sediento de poder, presionó al papa Clemente V para que, de común acuerdo con él, condenara a los templarios por herejía.

Los líderes de los caballeros fueron arrestados y, bajo tortura, obligados a admitir que eran herejes. Los más cínicos observarán, sin embargo, que el rey debía a los templarios bastante dinero de cruzadas anteriores, ¡y es muy posible que no quisiera devolvérselo!

Los templarios se disolvieron oficialmente en 1312 por orden suya y del papa. Jacques de Molay, el 23º y último gran maestre de los templarios, fue ejecutado en 1314.

La ejecución fue un horrible asunto en el que el antiguo gran maestre de la Orden fue quemado vivo. Antes de morir, se retractó completamente de cualquier admisión de culpa y, en su lugar, atribuyó la responsabilidad al rey Felipe y al papa Clemente. Como si de repente hubiera sido dotado del don de la profecía, se dice que el gran maestre quemado declaró de repente que tanto el rey de Francia como el papa morirían antes de que acabara el año.

A continuación, lanzó una maldición general sobre Francia durante varias generaciones. Teniendo en cuenta que tanto el rey Felipe como el papa Clemente murieron efectivamente en 1314, las palabras del gran maestre debieron de resultar escalofriantes al contemplarlas en retrospectiva. Y la situación de Francia no mejoró con la muerte de estos dos hombres; de hecho, empeoró mucho. Hubo una recesión económica entre los años 1315 y 1317.

Si Felipe pensó que saquear las arcas de los templarios ayudaría a la economía francesa, se demostró que estaba dramáticamente equivocado. Los franceses tuvieron que recurrir a elevados impuestos, lo que no hizo sino empeorar la situación. En este contexto de incertidumbre y descontento, estalló la guerra de los Cien Años en 1337. Pocos años después, Francia se vería azotada por la peste negra, una plaga que acabaría con una parte importante de la población francesa, agravando aún más los problemas económicos debido a la falta de trabajadores capaces.

Si el gran maestre realmente maldijo a Francia, como se afirma, estas cosas son bastante convincentes del efecto de sus palabras. Además de estos problemas, Francia se enfrentó a una crisis de sucesión tras la muerte de Felipe el Hermoso en 1328. La crisis no era evidente de inmediato, ya que Felipe tenía tres hijos para sucederle; el problema era que sus vástagos parecían incapaces de producir herederos propios.

Esto dio lugar a que los tres hijos de Felipe el Hermoso gobernaran consecutivamente hasta que pereció el último. Sorprendentemente, murieron uno tras otro en el mismo año. Después de que el último de ellos muriera sin heredero, comenzó la lucha por averiguar quién sería el rey. Esto llevó a la elección de Felipe de Valois, sobrino del ya mencionado Felipe el Hermoso.

Gobernaría como Felipe VI de 1328 a 1350. Esto daría inicio a la línea Valois, que finalmente se cruzaría con la línea Capeto. Hubo problemas desde el principio. En primer lugar, había un rival, un fuerte aspirante a la corona francesa en la persona del rey Eduardo III de Inglaterra. Inseguro de su propio lugar, Valois intentó que Eduardo lo reconociera inmediatamente. El hecho de que Eduardo dudara en hacerlo solo hizo que Felipe sospechara aún más.

El propio Eduardo era un joven rey que llegó al trono a los 14 años. Sin embargo, no alcanzó el verdadero poder hasta 1337, a la edad de 17. Fue, por cierto, el mismo año en que estalló la guerra de los Cien Años, pues fue cuando el joven e imprudente rey Eduardo III se vio libre de sus manipuladores y se declaró de repente heredero legítimo de la propia Francia. Esto fue lo que desencadenó la guerra de los Cien Años.

Llamar guerra a la guerra de los Cien Años es un poco inapropiado, ya que se trató esencialmente de una larga serie de conflictos encarnizados, sangrientos e interconectados, más que de una oleada ininterrumpida de guerras. En cualquier caso, en aras de la claridad histórica, nos referiremos a este periodo de agresión entre Inglaterra y Francia como la «guerra de los Cien Años». Los ingleses lanzaron la primera gran ofensiva durante esta guerra en el otoño de 1339.

En ese momento, un ejército de tropas inglesas se adentró en territorio francés y arrasó varias aldeas, sin preocuparse apenas de las poblaciones civiles que destruían sistemáticamente. Desde el principio fue una contienda amarga entre los monarcas rivales. El rey francés estaba tan indignado que desafió al rey inglés a un combate cuerpo a cuerpo.

Al parecer, el asunto podría haberse zanjado allí mismo. Pero, para disgusto y vergüenza de los franceses, después de que el fuerte y fornido rey inglés aceptara, el rey francés se lo pensó mejor y se echó atrás. Mientras tanto, los ingleses recibieron una inesperada bendición en enero de 1349, cuando los ciudadanos de Flandes reconocieron repentinamente el derecho de Eduardo a la corona. Así continuó la guerra.

Durante varios años, Francia pareció estar al borde del desastre total. En 1415, los ingleses destruyeron la caballería francesa en Azincourt, y muchos más desastres vendrían después. En la primavera de 1429, los ingleses estuvieron a punto de apoderarse de la ciudad de Orleans y de todo el valle del Loira que la rodeaba. Fueron detenidos, no por los ejércitos del rey francés, sino por una fuerza campesina liderada por una joven carismática llamada «Juana de Arco».

Por desgracia, Juana de Arco fue capturada por sus enemigos y quemada en la hoguera, acusada de brujería. Sin embargo, este ejemplo de valentía inspiró al rey francés Carlos VII a crear un ejército profesional que pudiera por fin hacer frente a los ingleses. Sin embargo, tuvo que crear un impuesto dirigido al ciudadano medio para pagar a las tropas. Inicialmente se denominó *fouage*, que en francés significa «casa y hogar».

El nombre cambiaría más tarde a *taille*, que en francés significa simplemente cortar y dividir, como cortar y dividir dinero. Pero se llamara como se llamara, este impuesto era impopular y se puso en marcha sin consultar siquiera a los Estados Generales. Esta fuerza de combate renovada y mejor financiada acabó expulsando a los ingleses.

Las fuerzas inglesas fueron expulsadas de París en 1436, y finalmente de toda Francia, con el fin oficial de las hostilidades en 1453. Tras esta guerra y agitación, las batallas que habían tenido lugar en toda Francia habían dejado gran parte de la nación en ruinas. El escritor e historiador W. Scott Haine llegó incluso a comparar las secuelas sembradas de escombros en gran parte de Francia con un acontecimiento del nivel de Hiroshima.

Teniendo en cuenta toda esta destrucción, Francia necesitaba seriamente reconstruir sus infraestructuras tras la guerra de los Cien Años. La remodelación de Francia costaría un ojo de la cara o, en el caso de Francia, un bonito *livre*. Y según el historiador Roger Price, los impuestos en Francia para la reconstrucción pasaron de 2,3 millones en 1439 a 5,1 millones en 1482.

Tanto Carlos VII, que reinó de 1435 a 1461, como su sucesor Luis XI, que reinó de 1461 a 1483, tendrían importantes proyectos de reconstrucción como parte esencial de su gobierno. Junto con la construcción de edificios, también era necesario construir la estructura civil de Francia.

Dado que el gobierno francés estuvo al borde del colapso total durante lo peor del conflicto, era necesario reactivar gran parte de la burocracia natural del gobierno francés. Se dice que a principios del siglo XVI, unos dieciséis millones de ciudadanos franceses eran administrados por una burocracia que suponía alrededor del 4% de toda la población del Reino de Francia.

Capítulo 4: Cambios y tensiones crecientes

En los albores de la década de 1520, Francia hizo todo lo posible por mantener la cabeza por encima de las aguas internacionales. Así pues, fue una sorpresa que, poco después de iniciada esta década, estallara la guerra entre Francia e Italia en 1521. Debemos tener claro, sin embargo, que cuando hablamos de «Italia», lo hacemos en un sentido regional general. La reunificación real de Italia en el Estado-nación moderno que conocemos hoy en día todavía estaba a unos cuantos siglos de distancia.

En cuanto a la «guerra de Italia» de Francia en la década de 1520, nos referimos a un conflicto que estalló entre Francia y varios principados italianos. El rey francés que supervisaba este conflicto era Francisco I. El rey Francisco fue uno de los reyes franceses más espectaculares y dinámicos en muchos aspectos. Dicho esto, también fue un «rey accidental», al menos en el sentido de que solo subió al trono porque su predecesor, Luis XII, no tenía herederos naturales.

Francisco I era primo hermano del rey Luis y se encontró de repente en el trono. No se lo esperaba, pero más que no estar él preparado, fue la propia Francia la que no estaba preparada para la nueva energía y ambición que le proporcionó esta inesperada dinamo. El rey Francisco demostró ser un gran estratega político y militar y, a diferencia de muchos de sus predecesores, no dio nada por sentado.

Francisco llegó al trono en 1515 y, cuando estalló la guerra con Italia, aún no había cumplido los 20 años. Sin embargo, los conflictos que desencadenaron las guerras libradas en la península itálica habían comenzado antes de que él ocupara el trono. El primer gran golpe entre ambas partes se produjo en 1494, cuando el rey francés Carlos VIII lanzó una invasión de Nápoles. Esta invasión provocó la reacción de los aliados italianos, España y el Sacro Imperio Romano Germánico.

Al final, Carlos tuvo que retirar sus tropas, pero la experiencia cimentó en su mente, y en la de muchos de sus colegas, la riqueza que podía explorarse en la península itálica. La expedición también demostró lo fracturados que estaban los estados italianos. Estos descubrimientos llevaron a los franceses a tantear el terreno para ver qué podían ganar con una agresión en Italia.

Los combates se produjeron en un momento crucial de la historia mundial, justo después del estallido de la Reforma. Curiosamente, entre dos de los principales antagonistas en este conflicto —Francisco I de Francia y Carlos V del Sacro Imperio Romano Germánico— habría bastante animosidad personal. Esto se debía a que tanto Francisco I como Carlos V aspiraban a ser elegidos emperadores del Sacro Imperio Romano Germánico tras la muerte del anterior emperador, Maximiliano, en 1519.

El Sacro Imperio Romano Germánico siempre elegía a sus emperadores por medio de electores repartidos por todo el Sacro Imperio Romano Germánico (básicamente Europa Central), y un pretendiente tenía que conseguir el número suficiente de ellos para ser elegido emperador. No importaba si el aspirante ya era rey (como en el caso de Francisco I); si resultaba elegido, tendría dos títulos: rey de Francia y emperador del Sacro Imperio Romano Germánico.

La Reforma protestante volvió a entrar en juego en la elección de Carlos V como emperador del Sacro Imperio Romano Germánico. El papa León contaba con el apoyo de Carlos V para contrarrestar a Martín Lutero y a los protestantes alemanes. En última instancia, esta idea inclinaría al papa León a apoyar a Carlos V en lugar de a Francisco I. Esto sirvió para poner una cuña entre Francisco I y el papa León. Y poco después de que Carlos V fuera elegido emperador, Francisco I comenzó a alinearse con la némesis del papa: los venecianos.

Con estas líneas trazadas, en noviembre de 1521, un ejército papal e imperial logró tomar Milán. Los franceses intentaron entonces intervenir y recuperar Milán. Esto condujo a un conflicto armado el 9 de enero de 1522, que terminó con una ruta de las fuerzas francesas en abril. Al mes siguiente, la situación empeoró para Francia, ya que Inglaterra se puso repentinamente del lado de las fuerzas papales y declaró la guerra a Francia. España no tardaría en seguirle.

Así pues, las líneas se dibujaron con muchas de las principales potencias europeas moviéndose repentinamente en contra de los intereses de Francia. Francia necesitaba un aliado poderoso. Esto llevó a Francisco I a hacer lo que, para muchos cristianos, debe haber parecido impensable. Buscó el apoyo del viejo enemigo de la cristiandad, el gigante islámico del Imperio otomano.

Hay que señalar que Francisco I no era tan devoto como sus predecesores o muchos de sus *sucesores*. Consideraba a la Iglesia útil siempre que se adaptara a sus propósitos, pero no estaba en absoluto en contra de alinearse con entidades no cristianas si ello servía a sus fines. Y eso es precisamente lo que hizo. Mientras que sus predecesores, que seguían comprometidos con la idea de las cruzadas contra el islam, probablemente se habrían revolcado en sus tumbas, Francisco I siguió adelante con su gran plan de unirse a los otomanos para contrarrestar a sus enemigos cristianos en Europa.

Esto lo llevó a enviar una misión diplomática formal para reunirse con Solimán el Magnífico. Sin embargo, los turcos otomanos no estaban del todo preparados para un acuerdo tan ambicioso y asombroso y finalmente lo rechazaron. No obstante, dejarían abierta la puerta diplomática y acabarían poniéndose del lado de Francia.

Mientras tanto, Francisco I aseguraba constantemente al sultán que, aunque a veces hacía declaraciones condenando al islam y a los turcos, todo era una fachada. En realidad, estaba dispuesto a negociar.

Gracias a las inesperadas gestiones diplomáticas de la madre de Francisco, Luisa de Saboya, y de la tía de Carlos V (cuñada de Luisa), Margarita de Austria, se logró un breve cese de las hostilidades. Estas conversaciones condujeron a lo que pasó a la historia como «la Paz de las Damas», que puso fin a las hostilidades el 5 de julio de 1529. En este tratado, Francisco prometía reconocer a Carlos el control de Nápoles, Milán, así como de Artois y Flandes.

Sin embargo, esto solo sería un breve paréntesis antes de que el conflicto volviera a resurgir. Tras salir perdedor del conflicto internacional, Francisco I centró su atención en los asuntos domésticos. Francisco fue un gran mecenas de las artes y a menudo se lo considera un gobernante ilustrado de estilo renacentista. Francisco I creó una universidad gratuita en Francia, el Colegio de Francia, que fomentaría el aprendizaje de todo tipo.

Dicho esto, se podría argumentar que fue gracias a los esfuerzos de Francisco y su colegio que Francia se convertiría más tarde en un centro neurálgico para los intelectuales. Y aunque había habido conflictos con Italia, no dudó en importar intelectuales italianos, creando así la poderosa polinización cruzada de ideas entre Francia e Italia que permitiría un renacimiento (o renacimiento intelectual) internacional en toda regla.

Pero incluso durante esta época de iluminación, las sombras se cernían sobre ellos. La principal de ellas era la relación entre Francia y el Imperio otomano. En la primavera de 1543, el Imperio otomano se puso de nuevo en marcha por tierra y por mar. En cuanto a su ofensiva marítima, los otomanos habían utilizado su vasta flota mediterránea para atacar las costas de Italia y Sicilia. Este movimiento contó con el apoyo tácito de Francisco, pero curiosamente, se debió a la petición de Francisco de que los Estados Pontificios de Italia Central fueran perdonados y que la morada del papa se mantuviera a salvo y segura durante este ataque.

Al principio, los otomanos cooperaron discretamente con los franceses, pero el diálogo se rompería cuando los turcos se sintieron frustrados por la inacción francesa. Deseaban que Francia se uniera a ellos en una terrible embestida contra España, pero Francia vaciló. Finalmente, los franceses ofrecieron una contrapropuesta, afirmando que preferían lanzar un asalto sobre Niza. A los turcos no les gustó, pero acabaron aceptando los planes franceses. Así se preparó el terreno para el asedio de Niza.

El asedio se inició en agosto de 1543. Para conmoción de toda la cristiandad, Francia se ponía abiertamente del lado de los turcos otomanos. El 15 de ese mes, los poderosos cañones fijados a las embarcaciones turcas consiguieron volar las murallas de Niza, y una fuerza conjunta de tropas francesas y otomanas se derramó por las calles de la ciudad sitiada. Al principio, los habitantes de la ciudad opusieron resistencia, pero fue inútil; las fuerzas francesas y turcas los arrollaron y, el día 22, Niza estaba en sus manos.

Se dice que a continuación se produjeron terribles saqueos y pillajes, pero no está muy claro si fueron los franceses o los turcos los principales culpables de estas actividades. Sea como fuere, toda Europa quedó conmocionada ante la idea de que los cristianos, con la ayuda de un ejército islámico, causaran semejante devastación. Los franceses estaban algo conmocionados por estos acontecimientos; su ansiedad aumentó cuando el comandante de las fuerzas otomanas solicitó que se permitiera a su flota y tropas pasar el invierno en Tolón.

Esto significaba que los franceses tendrían que someterse a lo que era esencialmente una mini ocupación de turcos en su propio suelo. Se ha dicho que los turcos acuartelados en Francia eran muy disciplinados, y su comandante dejó claro que cualquier turco que tuviera un comportamiento abusivo hacia los locales sería severamente castigado. Pero aun así, el ciudadano francés medio había sido educado para temer a los turcos como la encarnación del mal mismo, ¡así que uno solo puede imaginar el temor que debían tener!

Se dice que los que pudieron se trasladaron a otras partes de Francia para evitar la proximidad de los otomanos. Pero parece que, a pesar de los temores franceses, la estancia otomana fue pacífica. No obstante, resultó ser una pesada carga para la economía francesa, ya que el rey Francisco tuvo que pagar la factura del avituallamiento del ejército invitado que había acampado en su suelo. Por ello, Francisco estaba ansioso por sacar a los turcos de Francia lo antes posible.

El comandante turco Barbarroja, entendiendo por fin la indirecta, hizo partir a su flota en abril de 1544. Este enfrentamiento con los turcos sería la última gran hazaña internacional de Francisco. Poco después, enfermó gravemente. En 1545, desarrolló un doloroso absceso que persistiría, significativamente debilitado, hasta el 31 de marzo de 1547, cuando pereció a los 52 años.

Tras la muerte de Francisco I, Francia se encontraba a la deriva. Al poderoso y carismático Francisco le sucedió su hijo Enrique II. Enrique se tomó la fe cristiana más en serio que su padre Francisco. Se dice que era más devoto que su padre Francisco. Aun así, continuó la estrategia de Francia, uniéndose a los turcos otomanos para obtener apoyo adicional contra los antiguos enemigos de la nación en Europa.

Los combates continuaron de forma intermitente en la península itálica y sus alrededores hasta que se firmó la Paz de Cateau-Cambresis el 3 de abril de 1559. Pocos meses después, el 1 de julio de ese mismo año, el propio Enrique fallecería abruptamente en un extraño accidente durante una justa amistosa. Estaba justando con un oponente más joven, Gabriel, conde de Montgomery, cuando la lanza de Gabriel se rompió durante un intercambio, y una astilla de madera, disparada a través de la visera de Enrique, le atravesó el ojo, y luego se clavó en el cerebro del rey.

Perecería con terribles dolores una semana después. Cabe señalar que este incidente saltó a la fama del supuesto místico y profeta francés Nostradamus, ya que supuestamente lo predijo. Poco antes del incidente, Nostradamus, famoso por escribir vagas cavilaciones de todo tipo, había escrito:

>*«El león joven vencerá al mayor. En el campo de batalla, en combate singular. Le atravesará los ojos con una jaula de oro. Dos heridas se convierten en una, y él muere una muerte cruel».*

Sí, por un lado, se podría escribir que las palabras de Nostradamus no son más que vagas tonterías, pero por otro, se podrían encontrar sorprendentes similitudes entre estas elucubraciones y lo que realmente le ocurrió al rey Enrique. Podría decirse que el rey Enrique es el viejo león que fue vencido por el hombre más joven (león) en combate singular (una justa). Y el hecho de que fuera atravesado en el ojo, justo a través de su visera (jaula de oro), es inconfundible.

Además, el hecho de que la astilla le perforara primero el ojo (una herida) y luego el cerebro (dos heridas) para crear una herida terrible (dos heridas convertidas en una) también es impresionante. También es indudablemente cierto que el rey, de quien se dice que murió en absoluta agonía días después, ¡realmente tuvo una muerte cruel!

En lo que respecta a la historia inmediata de Francia, fue tras la muerte de Enrique II cuando Francia experimentó muchos cambios dinámicos y duraderos. Luego del fallecimiento de Enrique, su hijo Francisco II se convirtió en rey, pero este Francisco, a diferencia de su robusto predecesor, tendría una corta carrera, pereciendo abruptamente el 5 de diciembre de 1560.

Le sucedió su hermano pequeño Carlos, que fue apodado rey Carlos IX. Como era tan joven, su madre, la reina Catalina de Médicis, gobernó inicialmente en su lugar como regente. El joven rey Carlos IX lo pasaría mal debido a las discordias internas y a las luchas religiosas que estallaron en Francia en aquella época. Estas luchas culminarían en la tristemente célebre masacre del día de San Bartolomé, que tuvo lugar en París en 1572.

Este incidente involucró a un grupo de protestantes franceses llamados «hugonotes» que fueron masacrados por miles por un contingente católico armado. Carlos IX fallecería a los 23 años en 1574 sin heredero. La corona pasaría a Enrique III, tercer hijo del difunto Enrique II. La carrera de Enrique III también sería breve y problemática, llegando su propio fallecimiento en 1589.

La muerte de Enrique III llevó al reconocimiento de Enrique de Navarra como nuevo rey. El rey Enrique, posteriormente apodado Enrique IV, trató de resolver el problema religioso apaciguando a los protestantes, lo que dio lugar al famoso Edicto de Nantes promulgado el 13 de abril de 1598. Al mismo tiempo que abordaba el problema religioso en su propio país, supervisó la expansión del poder francés en el extranjero, especialmente en América, durante su reinado.

Bajo el reinado de este rey, en 1608, el explorador francés Samuel de Champlain estableció la colonia que se convertiría en Quebec. Esto permitió en cierto modo liberar algunas de las luchas internas de Francia, ya que los desencantados con Francia tenían ahora la opción de emigrar a esta nueva colonia francesa de ultramar. Sin embargo, el reinado de Enrique IV terminaría tan abruptamente como había comenzado, al morir asesinado en 1610.

Esto condujo al ascenso al trono del hijo del rey, Luis XIII, que entonces tenía nueve años. Como era demasiado joven para gobernar de forma independiente, fue gobernado por una regencia encabezada por María de Médicis. El miembro más infame del círculo íntimo del rey sería el «cardenal Richelieu», que ejerció de consejero y primer ministro de 1624 a 1642. Durante este periodo, Richelieu desempeñaría un papel destacado en la guerra de los Treinta Años, que estalló en 1618.

La guerra de los Treinta Años comenzó como una batalla entre el protestantismo y el catolicismo, pero luego se convirtió en una contienda sobre quién dominaría Europa. El conflicto estalló cuando el Sacro Imperio Romano Germánico trató de frenar a algunos de sus principados que se habían inclinado hacia el protestantismo, en particular los de Baviera, que se habían ido alejando desde los tiempos de Martín Lutero.

Los bávaros se rebelaron y estalló el conflicto. Se formaron varios bandos y facciones, y pronto Francia se vio arrastrada a la contienda. Al principio, la mayoría supuso que la Francia católica se uniría a la causa del Sacro Imperio Romano Germánico y sus aliados. Pero ante la insistencia del cardenal Richelieu (que, pese a su rango de cardenal, era mucho más estratega político que defensor de la fe católica), el rey de Francia se convenció de que sería mucho más prudente ponerse del lado de los protestantes.

Sí, la antigua hostilidad y el miedo a que el Sacro Imperio Romano Germánico invadiera las fronteras francesas se impusieron a la religión;

Francia se encontró formando equipo con la ahora protestante Inglaterra, los Países Bajos, Baviera y varios otros estados apoyados por los protestantes contra las otras potencias católicas. Los combates no fueron concluyentes, ya que todas las partes se enfrentaron durante varios años.

Richelieu moriría en 1642, seguido de Luis XIII en 1643. Esto condujo al ascenso del rey Luis XIV, que entonces era solo un niño. Su regencia fue dirigida por su madre, la reina Ana, y el sucesor de Richelieu, el cardenal Giulio Mazarino. Mazarino gozaba de la antipatía de muchos en Francia, ¡e incluso se lo acusó de tener una aventura con la reina Ana!

Para empeorar las cosas, en 1648, Mazarino anunció que el tesoro francés había sido completamente vaciado debido a los gastos de la guerra de los Treinta Años. Solo era el *mensajero*, pero de alguna manera la ira se dirigió contra él por el simple hecho de transmitir el mensaje. Sobre todo cuando Mazarino hizo saber que los funcionarios reales no podían esperar recibir ningún tipo de pago en los próximos años mientras el tesoro se recuperaba.

Pronto estalló una rebelión, y la situación se agravó tanto que Mazarino y el séquito real tuvieron que esconderse. Pronto se entablaron negociaciones y se llegó a un compromiso con el Parlamento, lo que permitió que la situación volviera a la normalidad. Mazarino pereció en 1661, lo que permitió a Luis XIV asumir el control total. Demostraría ser un administrador capaz de centrar todo el gobierno francés en torno a su voluntad.

Esta hazaña le valió el apodo de «Rey Sol», ya que, al igual que los planetas giran alrededor del sol, los instrumentos del gobierno francés giraban en torno a Luis XIV. Parecía naturalmente apto para la tarea, y el hecho de que reinara durante la friolera de 72 años indicaba que era un buen candidato. El rey Luis era insustituible en el sistema de Francia en aquella época, y él lo sabía.

De hecho, era bastante aficionado a afirmar «L' Etat, c'est moi!». Sí, imagínense al rey Luis XIV clavándose el pulgar en el pecho y exclamando: «¡El Estado soy yo!». O, como mejor lo traduciríamos en una versión totalmente castellanizada, «¡Yo soy el Estado!».

La primera señal de que Luis sería un gobernante absolutista fue cuando declaró su intención de no tener un primer ministro. Atrás quedaban los días de los entrometidos Richelieu y Mazarino; Luis solo prestaría atención a sus propios consejos de aquí en adelante. Los Estados Generales no se reunirían bajo su largo reinado, y en lugar de consultar a otros, Luis crearía un elaborado sistema de patronazgo. Si realmente se quería influir en la sociedad francesa, la consulta ya no era el medio para hacerlo, sino el mecenazgo.

De este modo, se dice que el rey Luis «pacificó» a las élites nobiliarias subvencionándolas, haciéndolas totalmente dependientes de su benevolencia. ¿Y el resto? Mantuvo a raya a cualquier otro posible descontento creando un elaborado cuerpo de policía para sofocar cualquier signo de malestar. El primer paso de este nuevo sistema policial comenzó en 1667, cuando el rey Luis creó el cargo de teniente general de policía en París.

Esta función de jefe de policía se reprodujo después en todas las ciudades francesas. El teniente general tenía la misión de velar por el mantenimiento de la paz en su distrito y, en cuanto surgían disturbios, se procedía inmediatamente a su represión. Se ha dicho que la primera fase del reinado de Luis se centró en consolidar el frente interno. Una vez conseguido esto, en 1673, el rey Luis comenzó a buscar activamente fuera de las fronteras de Francia, y gran parte del resto de su reinado lo pasaría buscando la conquista pura y simple.

Pero, como había sucedido antes, esta guerra y estas luchas tuvieron un alto precio. Y a finales del siglo XVII, Francia estaba casi en bancarrota, hasta el punto de que el rey Luis tuvo que establecer un nuevo impuesto en 1701 llamado «capitación» o impuesto de capitación, que se convirtió en una carga rutinaria para los franceses. Otros problemas, como las malas cosechas y los brotes de enfermedades, no harían sino empeorar la situación.

Sí, las cosas iban tan mal en Francia que cuando el longevo rey Luis XIV falleció el 1 de septiembre de 1715, en lugar de ser recibido con tristeza, se dice que fue motivo de celebración para muchos súbditos franceses medios. Le faltaban pocos días para cumplir 77 años y, en lugar de celebrarlo con una fiesta, ¡celebraron su muerte!

Su sucesor, su bisnieto Luis XV, era solo un niño, y Luis demostraría ser un líder complicado, en el mejor de los casos, y equivocado, en el peor. Bajo Luis XV, una serie de guerras desastrosas, como la guerra de sucesión austríaca, la guerra de los Siete Años y la guerra franco-india, se saldarían con la derrota francesa y pérdidas territoriales, la última de las cuales acabaría con la pérdida por parte de Francia de prácticamente todo su territorio en América.

Luis XV sería sucedido por Luis XVI, quien, aún dolido por las pérdidas de su predecesor, animaría y apoyaría a los americanos para que se rebelaran contra Gran Bretaña, némesis de Francia, por puro rencor y venganza. Los ideales de la Revolución estadounidense se volverían en contra de este monarca absolutista francés cuando las mismas nociones de derechos universales, libertad y democracia se impusieran en Francia. Pero la Revolución francesa no tendría un desenlace tan feliz como la estadounidense.

Capítulo 5: La Revolución francesa

Cuando estallan grandes acontecimientos mundiales como la Revolución francesa, es fácil centrarse inmediatamente en el estallido inmediato y pasar por alto lo que condujo a la conflagración. En lo que respecta a la Revolución francesa, sería un gran error dejar de mencionar la larga serie de acontecimientos que precedieron inmediatamente a este acontecimiento decisivo.

Y para ello, primero debemos remontarnos al año 1740, cuando entró en juego la controversia sobre la sucesión austríaca. Los actores internacionales se disputaban quién se haría con el trono austriaco tras la marcha del emperador Carlos VI. Su hija María Teresa era una de las principales aspirantes, apoyada por poderosos actores internacionales como Gran Bretaña y la República Holandesa.

Sin embargo, Prusia y, en última instancia, Francia se opusieron a su derecho a suceder a su padre. Esta disputa llegó a las manos con combates físicos reales. Se dice que Luis XV fue dirigido principalmente a involucrarse por su influyente ministro el cardenal de Fleury y otros ministros notables de su corte, que argumentaban que sería ventajoso para Francia unirse a los prusianos. Pero lo cierto es que no fue así.

Francia sufrió grandes derrotas y reveses. Sus pequeñas victorias quedaron anuladas con la firma del «Tratado de Aquisgrán» o «Tratado de Aix-la-Chapelle», que puso fin a las hostilidades en 1748. En primer lugar, el principal objetivo de la guerra, la impugnación del trono de María Teresa, resultó totalmente inútil. Ella estaba en el trono, le gustara o no a Prusia o a Francia. Pero mucho peor a los ojos de muchos súbditos franceses fue el hecho de que su rey entregara voluntariamente todas las posesiones territoriales de las que se había apoderado durante el conflicto. El rey francés insistió en que no le servían de nada, afirmando que era el «rey de Francia, no un comerciante».

Este sentimiento es quizá más comprensible hoy en día. Al fin y al cabo, las potencias mundiales de hoy se dedican más a mantener el *statu quo* que a la conquista mundial. Por ejemplo, Estados Unidos puede haber ocupado Irak y Afganistán por diversas razones, pero el objetivo nunca fue apoderarse permanentemente de esas tierras para incorporarlas a un imperio estadounidense. Pero en la década de 1740, las potencias mundiales se dedicaban a la construcción de imperios, y cualquier cesión voluntaria de territorio se percibía en última instancia como una debilidad más que como una fortaleza pragmática.

Y esa era la opinión generalizada sobre el rey Luis XV, tanto dentro como fuera de Francia en aquella época. La noción de que las tropas francesas habían luchado y peleado para ganar tal territorio solo para devolverlo no sentaba bien al pueblo francés. El súbdito francés medio estaba tan consternado que incluso acuñó una frase para expresar su disgusto por lo que consideraban una inmensa lucha, librada para nada, excepto quizás para ayudar al rey de Prusia.

Fue a raíz de todo esto que se acuñó una expresión francesa que básicamente significa que uno se dedica a «trabajar para nada». La expresión era «travailler pour le roi de Prusse». La frase habla de cómo los franceses se habían esforzado (*travailler*) tanto por el rey de Prusia (*roi de Prusse*), solo para no obtener nada a cambio, y llegó a utilizarse en referencia a casi cualquier situación que pareciera reunir los requisitos.

Tras el fin de la guerra de sucesión austríaca en 1748, el pueblo francés no pudo evitar sentirse engañado. Sin embargo, lo peor estaba por llegar cuando estalló la siguiente ronda de conflictos internacionales en 1756, al comienzo de la llamada «guerra de los Siete Años». En este conflicto, Francia se puso del lado de Austria y se enfrentó a Gran Bretaña. Este destructivo conflicto provocaría graves reveses en Europa, pero las peores derrotas se producirían en realidad en Norteamérica, donde el conflicto pasó a conocerse con otro nombre: la guerra franco-india.

El conflicto se llamó así porque las tropas francesas en Norteamérica se habían alineado con las tribus nativas americanas locales. En la mente de las tropas coloniales británicas, su principal lucha era contra los franceses y sus aliados nativos americanos; por eso la apodaron «la guerra franco-india». Pero esta no era más que una prolongación de la misma guerra de los Siete Años, que se había extendido a las colonias de Francia y Gran Bretaña.

Francia saldría perdiendo y, tras la firma de la Paz de París en 1763, perdió sus colonias norteamericanas de Canadá en favor de Gran Bretaña. Voltaire podría haber expresado alguna vez el cómico estribillo de que el rey solo había perdido «unos cuantos acres de nieve», pero la cosa era mucho más seria que eso. Los ingresos del comercio de pieles, que durante tanto tiempo habían apuntalado la economía francesa, habían desaparecido. Y en su lugar había una creciente deuda de guerra.

Y las cosas estaban a punto de empeorar.

En lugar de consolidar los recursos que Francia conservaba, el sucesor del rey Luis XV, el rey Luis XVI (que subió al trono en 1774), urdió un plan para vengarse de los británicos. El medio sería utilizar a los colonos americanos como auxiliares y apoderados para golpear a los odiados británicos. Este sueño se hizo realidad con el estallido de la Revolución estadounidense en 1775.

Francia se puso del lado de los norteamericanos y, aunque el gobierno francés apenas podía permitírselo, ayudó a financiar la guerra estadounidense. Gracias al apoyo francés, los estadounidenses lograron deshacerse de los británicos, pero Francia se encontró con una deuda insalvable y, una vez más, sin casi nada que mostrar.

Tal vez al rey le complaciera vengarse de los británicos, pero los franceses, con dificultades para comprar pan y otros artículos de primera necesidad en el mercado, no estaban muy contentos. ¿Estaban de nuevo trabajando para el rey de Prusia? ¿O, como ocurrió esta vez, trabajaban los franceses para George Washington? ¿Y sin más recompensa que unos precios inflados en el mercado?

En ese momento, la sociedad francesa había alcanzado un punto de inflexión. El descontento de las masas era palpable, y la intelectualidad francesa echaba gasolina al fuego, publicando panfleto tras panfleto de ardiente contenido político en los que se criticaba al rey y la situación general. También señalaban el hecho irónico de que los franceses habían apoyado una Revolución estadounidense que derrocó al rey inglés y, sin embargo, el pueblo francés seguía aguantando los caprichos de su impopular rey francés.

El rey Luis XVI ciertamente no era un gran admirador de la ideología de la Revolución estadounidense; para él, no era más que un medio para conseguir un fin. Sin embargo, todo esto se volvería en su contra cuando las mismas ideas de derrocar la monarquía y establecer la República Francesa se convirtieron en el grito de guerra de las masas francesas. Esta situación se agravó porque la mayoría de los impuestos recaían sobre las clases más pobres de la sociedad francesa y no sobre las más acomodadas.

Aunque los franceses más acomodados encontraban a menudo la manera de eludir los impuestos, los pobres eran implacablemente objeto del impuesto de la *taille*, que seguiría siendo una enorme fuente de resentimiento. En esta época, la sociedad francesa se dividía en tres categorías distintas o, como los franceses lo llamaban, *estamentos*. Estaba el primer estado, que comprendía a la clase aristocrática rica, y el segundo estado, que comprendía al clero.

Ambas clases solían eludir los impuestos. El tercer estado, formado por los plebeyos, era el que se llevaba la peor parte de los impuestos. Y todo ello sin apenas representación. Los Estados Generales, órgano representativo de los estamentos, no se reunían desde hacía varios años. Solo después de una gran protesta pública, el rey Luis XVI accedió a que los Estados Generales se reunieran en febrero de 1787.

Durante esta reunión, el rey escuchó irónicamente el mismo grito de guerra que había incitado a los norteamericanos a rebelarse contra el rey de Inglaterra, ya que escuchó un grito unánime de «no a los impuestos sin representación». El rey Luis se sintió cada vez más alarmado por estos acontecimientos e intentó sofocar la creciente indignación suspendiendo el parlamento. El tiro le salió por la culata cuando las protestas abandonaron las cámaras oficiales del discurso y acabaron en la calle. Luis volvió a convocar a regañadientes los Estados Generales el 1 de mayo de 1789.

Entretanto, la imprenta francesa se pone en marcha, produciendo todo tipo de panfletos políticos que menosprecian a la familia real francesa y la culpan de todos los problemas a los que se enfrenta el súbdito medio de Francia. Uno de los panfletos más populares entonces era una obra del abate Emmanuel Sieyes titulada «¿Qué es el tercer estado?».

Tras hacerse esa pregunta, esta obra concluía que, puesto que representaba a la inmensa mayoría del pueblo francés, el tercer estado *era el pueblo francés*. La idea central del discurso era animar a las masas francesas a levantarse y reclamar sus derechos, ya que ellas, la mayoría oprimida, eran la verdadera encarnación de la nación francesa. Durante este periodo, el rey Luis XVI pareció seguir un patrón predecible de acobardamiento ante la opinión popular, seguido de su alarma inmediata e intentos de tomar medidas enérgicas.

Las medidas represivas se volvían contra él, el pueblo se envalentonaba y el rey Luis XVI se acobardaba y amedrentaba aún más. Este patrón básico se repetiría durante el resto del turbulento reinado de Luis XVI. Al principio de la ascensión del tercer estado a la prominencia política, el rey Luis, después de convocar a los Estados Generales a reunirse, se alarmó tanto por lo que estaba sucediendo que el 20 de junio de 1789, ¡cerró la sala de reuniones para que el tercer estado no pudiera reunirse!

Impertérritos, los miembros del tercer estado se reunieron en una pista de tenis pública, donde hicieron público su Juramento del Juego de la Pelota, según el cual no se marcharían hasta que sus reivindicaciones, en particular una nueva Constitución, fueran satisfechas. Esta hazaña de solidaridad y desafío acobardó una vez más al rey, que cedió a sus demandas de reunirse en la Asamblea Nacional.

Una vez presentes en la Asamblea Nacional, se hicieron declaraciones para establecer una «Asamblea Constituyente» y firmar nada menos que una nueva constitución. El rey, acorralado, no tuvo más remedio que acatar. Inmediatamente se arrepintió de su decisión y empezó a movilizar tropas alrededor de París por si las cosas se ponían feas.

Y así fue.

El 14 de julio de 1789, los revolucionarios franceses asaltaron la Bastilla, una fortaleza/prisión real de París.

Aunque el asalto a la Bastilla aún se celebra en Francia, fue el comienzo de una explosión de emociones humanas desenfrenadas que tendría consecuencias sangrientas y monstruosas. El asalto a la Bastilla se hizo principalmente para recuperar armas y municiones, aunque también se liberó a los prisioneros que allí se encontraban. Al principio, los guardias contuvieron a la multitud, pero una vez que la Bastilla estuvo a punto de ser desbordada, los responsables aceptaron entregar la fortaleza bajo la promesa de que les perdonarían la vida. Sin embargo, no fue así.

En lugar de perdonarles la vida como habían prometido, la muchedumbre los desgarró miembro a miembro. Con las cabezas ensangrentadas y otras partes del cuerpo agitadas en el aire por una multitud encantada y sedienta de sangre, la Revolución francesa había comenzado. Para echar más leña al fuego, el precio del pan seguía subiendo en el mercado. Puede parecer algo sencillo, pero no lo era. Si los precios están tan inflados que el ciudadano medio no puede comprar alimentos, las poblaciones locales no estarán contentas. Si el problema no se resuelve rápidamente, ese descontento puede desbordarse y convertirse en auténtica furia.

Y eso fue lo que ocurrió en Francia.

El rey estaba sentado sobre un barril de pólvora, aunque no se diera cuenta; sin un alivio adecuado, sus súbditos estaban dispuestos a hacerle saber de primera mano su desesperación. El 5 de octubre de 1789, una muchedumbre encabezada mayoritariamente por mujeres irrumpió en el palacio real de Versalles. Allí, todas esas bocas desesperadas, hambrientas de pan, clamaron que estaban a punto de sacar a la fuerza «al panadero, a la mujer del panadero y al hijo del panadero» si era necesario.

La referencia al panadero era una burla al rey y a su familia. Desgraciadamente, muchos de aquellos desesperados fueron lo bastante ilusos como para creer que la captura del rey resolvería todos sus problemas. Era mucho más sencillo. La captura del rey Luis no garantizaría a los pobres y necesitados un suministro de pan para toda la vida. Pero aunque las masas pobres e ilusas proporcionaban la fuerza muscular, la intelectualidad era el cerebro de esta operación.

Surgieron varios clubes políticos. A la cabeza estaba un club que se reunía en el Convento de los Jacobinos, conocido como «jacobinos». Los incendiarios ideólogos políticos de los jacobinos se encargaron de agitar a las masas francesas como sus propios perros de presa para utilizarlos contra el rey francés. Sus argumentos eran complejos y simples al mismo tiempo. Hablaban de objetivos y aspiraciones ambiciosos, pero los simplificaban tanto que cualquiera podía entenderlos cuando era necesario.

En el nivel más simplista, uno podría imaginarse a un jacobino preguntando a una turba francesa hambrienta: «¿Quieren pan?», antes de señalar con el dedo al rey francés y gritar: «¡Pues ése es el panadero! ¡Vayan por él!». Peor aún que señalar con el dedo al rey francés e instar a las turbas a atacarlo cuando les convenía, la intelectualidad no se privaba de difundir mentiras absolutas.

Después de una cosecha catastróficamente mala en 1789, una terrible teoría conspirativa conocida como el «Gran Miedo» sugirió un complot real y aristocrático para acabar con los campesinos destruyendo deliberadamente las cosechas. La idea es tan ridícula como parece, pero, como dijo el historiador y escritor francés W. Scott Haine, «en las mentes sobrecalentadas y desnutridas del campesinado» parecía funcionar.

Se difundieron mentiras para desacreditar aún más al rey y se avivaron la furia y el odio absolutos en los corazones del súbdito francés medio. El rey Luis fue en gran medida ajeno a lo que estaba sucediendo en su reino y finalmente se convirtió en prisionero. Fue conducido a París, donde los revolucionarios lo vigilaban atentamente.

Harto de su verdadero confinamiento, el rey y su familia intentaron escapar en 1791, pero fueron descubiertos y se vieron obligados a regresar. A partir de ese momento, no hubo error; el rey y toda su corte estaban bajo arresto domiciliario. Un arresto que terminó con la ejecución del rey el 21 de enero de 1793 y la de la reina el 16 de octubre de ese mismo año.

Pero si el ciudadano francés medio pensaba que su sufrimiento terminaría o que tendría un suministro adecuado de pan con el asesinato del rey y la reina de Francia, se equivocaba. Por el contrario, la vida del ciudadano medio estaba a punto de empeorar, ya que la intelectualidad que había movilizado a la turba empezó a volverse contra la propia turba.

Cuando se celebraron nuevas manifestaciones para protestar por la grave situación del pueblo francés, los jacobinos, bajo la dirección del recién creado Comité de Seguridad Pública, lanzaron una campaña de terror contra ellos. Ahora, los que estaban en las calles pidiendo pan, los que habían sido convertidos en armas por la intelectualidad para utilizarlas contra la familia real, eran repentinamente calificados de enemigos de la revolución. Y por mucho que protestaran por los altos precios, las quejas sobre el pan ya no eran aceptables para las élites intelectuales.

El principal arquitecto del terror, el gigante jacobino Maximiliano Robespierre, mostró su total desdén y desprecio por las masas pobres y hambrientas al condenarlas por no tener nada mejor de lo que quejarse que «míseras mercancías». Pero en realidad, la mayoría de las masas solo querían precios estables para el pan. La intelectualidad deseaba la revolución y utilizó a las masas hambrientas como herramientas para conseguirla.

Los jacobinos consiguieron su revolución, pero las turbas de ciudadanos angustiados que utilizaron para obtenerla no consiguieron su pan. Habían sido engañados para «trabajar para el rey de Prusia» una vez más. Sin embargo, estos jacobinos suplentes del rey de Prusia no solo los engañaron como medio para conseguir sus fines, sino que también estaban dispuestos a despacharlos cuando ya no sirvieran a su propósito.

Así, se lanzó una oleada de terror contra cualquiera que se atreviera a criticar o cuestionar el régimen. Pronto se cortaron cabezas a un ritmo asombroso, mientras se creaba un clima de paranoia y miedo absolutos. Lo único que puso fin a este terror fue la ejecución del propio Robespierre. Como consecuencia, Napoleón Bonaparte, un general poderoso y carismático, subió al poder.

Acabó convirtiéndose en el dictador de Francia. La Revolución francesa, que pretendía librar a Francia de un monarca absolutista, acabó instaurando otro en 1802, cuando Napoleón fue nombrado dictador en calidad de «cónsul vitalicio». En 1804 se le otorgó el ostentoso título de «emperador de Francia». Y para colmo de males, se declaró que todos sus descendientes heredarían el mismo título.

Napoleón acababa de iniciar una nueva línea dinástica de tiranos. Sí, los franceses aparentemente habían estado luchando por nada. Habían luchado por el rey de Prusia y no habían ganado nada por sus esfuerzos. Ni pan, ni el fin de la monarquía, ni nada a cambio de sus problemas, salvo Napoleón Bonaparte y una serie de prolongadas guerras que estallarían por toda Europa y más allá.

Capítulo 6: Las guerras napoleónicas

Aunque Napoleón ocupa un lugar destacado en la historia de Francia, en realidad era natural de Córcega, que no fue adquirida por Francia hasta 1768. Irónicamente, si Francia nunca se hubiera apoderado de la pequeña isla de Córcega, es muy probable que Napoleón Bonaparte nunca se hubiera convertido en emperador de Francia. Tal vez emperador de una pequeña isla mediterránea, ¿pero de Francia? No es probable.

En lo que respecta al gobierno de la propia Francia, Napoleón adquirió protagonismo por primera vez tras el terror, cuando se estableció el llamado «Directorio» para restablecer el orden. Uno de los miembros del directorio era el general francés Paul Barras. Napoleón hizo buenas migas con Barras y, a través de él, consiguió una mayor influencia en los asuntos gubernamentales franceses. Napoleón había regresado a Francia fresco de batallas en el extranjero, solo para ser llamado por el Directorio para sofocar una revuelta considerada «contrarrevolucionaria».

Napoleón utilizó a sus soldados para sofocar los disturbios y fue nombrado «comandante del Ejército del Interior». Napoleón fue entonces autorizado a enviar a sus soldados puerta por puerta para confiscar armas. Irónicamente, todas las armas robadas de las guarniciones francesas (como la Bastilla) al principio de la revolución, ¡eran ahora confiscadas y arrebatadas a los ciudadanos! Una vez estabilizados los disturbios internos, Napoleón volvió a dirigir las fuerzas francesas en el extranjero, justo a tiempo para enfrentarse a la última coalición de fuerzas internacionales que se había alzado contra Francia.

Napoleón sofocó a los italianos en Piamonte en la primavera de 1796, y luego marchó sobre Austria, obligándolos a firmar un tratado de paz el 17 de octubre de 1797. Esto supuso el desmantelamiento de la República de Venecia. Entre las muchas políticas que Napoleón hizo añicos, esta fue una de las más longevas, remontándose a más de mil años atrás. Sin embargo, Napoleón consiguió intimidar a los venecianos para que se dividieran entre franceses y austriacos como parte del Tratado de Campo Formio.

Con los frentes austriaco e italiano asegurados, la única pesadilla que le quedaba a Napoleón era Inglaterra. Inicialmente se pensó en un asalto anfibio a Gran Bretaña, pero Napoleón y sus colegas no tardaron en darse cuenta de la imposibilidad de tal hazaña. Los británicos tenían la mejor armada del mundo en aquel momento, y los andrajosos buques de guerra franceses no tenían muchas posibilidades.

Por todo ello, Napoleón y compañía se plantearon una alternativa: si no podían hacer mella en Inglaterra cruzando el canal de la Mancha, cruzarían el Mediterráneo. Napoleón envió una flota francesa a Egipto para enfrentarse a los intereses británicos en la región. Gran Bretaña estaba muy implicada en el comercio de la zona, y se creía que Egipto podía servir de trampolín hacia la joya de la corona del Imperio británico: la India.

Con esto en mente, los franceses se lanzaron a través del Mediterráneo hacia Egipto. Sin embargo, antes de desembarcar en la costa egipcia, hicieron escala en Malta, donde Napoleón se encargó de arruinar y desmantelar otra antigua orden, nada menos que los caballeros hospitalarios. Los caballeros hospitalarios se habían refugiado en Malta desde las cruzadas.

Napoleón decidió disolverlos por la fuerza y apoderarse de su isla. Ahora tenía Malta como base de operaciones justo en el medio del Mediterráneo. Fue entonces cuando él y sus tropas se dirigieron a Egipto. No era la primera vez en la historia que un ejército francés invadía Egipto. La misma hazaña había sido intentada por el propio san Luis durante la 7ª cruzada. Pero aunque la acción se repetía, los motivos y el elenco de personajes habían cambiado significativamente.

No se trataba en absoluto de una cruzada religiosa. Y Napoleón no era un cruzado cristiano. Al contrario, al llegar a las puertas de Alejandría, hizo que unos intérpretes proclamaran a los atónitos egipcios que respetaba a Mahoma y al islam y que estaba allí para liberarlos de los guerreros mamelucos que habían tomado recientemente el control de la nación.

Napoleón se había hecho a la idea de que podía romper el dominio mameluco sobre Egipto y repatriarlo de nuevo al Imperio otomano, que desde entonces había perdido gran parte del control real sobre la región. Napoleón así lo proclamó, pero a los egipcios o bien no les entusiasmaba la idea de volver a manos del sultán, o bien no les importaba demasiado que unos invasores franceses cayeran de repente en su patio trasero.

En cualquier caso, los lugareños se aseguraron de hacérselo pasar tan mal como pudieron a Napoleón y compañía. Y por mucho que Napoleón insistiera en que estaba «de su parte», nadie parecía creérselo. Sin embargo, Napoleón logró apoderarse de Alejandría, convirtiéndola en una nueva base de operaciones. Desde ahí, las fuerzas de Napoleón lanzarían un asalto a El Cairo. La lucha por El Cairo tendría lugar el 21 de julio de 1798 y pasaría a la historia como la «batalla de las Pirámides».

En ese momento, Napoleón podía parecer bastante ingenioso, pero se estaba formando una coalición de potencias europeas contra él, la segunda coalición, para ser exactos. Resulta que los rusos estaban bastante molestos por lo ocurrido en Malta. El zar Pablo había sido gran maestre honorario de los hospitalarios; pronto, Rusia se vio involucrada. La guerra de la Segunda Coalición uniría a Inglaterra y Rusia contra los franceses. Y por mucho que Napoleón soñara con convertirse en el mejor amigo de los otomanos, estos acabaron uniéndose también a la Segunda Coalición.

Las fuerzas de la Segunda Coalición y las francesas se enfrentaron en el verano de 1799 en los Países Bajos. Los franceses contaban con algunos aliados holandeses e intentaron rechazar a las fuerzas de la coalición en Holanda. Tras sufrir numerosas bajas, las fuerzas de la Coalición se vieron obligadas a huir después de la batalla de Castricum, el 6 de octubre de 1799.

Napoleón acababa de regresar de su desventura en Egipto (una aventura costosa en la que la flota francesa fue aplastada por el almirante británico Horatio Nelson) y se encontró de nuevo con una Francia sumida en la discordia y la agitación internas. Para restablecer el orden, Napoleón utilizó a los hombres bajo su mando para tomar el poder por la fuerza el 9 de noviembre de 1799.

Fue nombrado primer cónsul de Francia, lo que esencialmente lo convirtió en dictador de toda la nación. Poco después de alcanzar este rango, Napoleón se enfrentó a las fuerzas de la Coalición el 14 de junio de 1800, en la batalla de Marengo, en el norte de Italia. Las fuerzas de la Coalición fueron finalmente derrotadas, y los franceses obtuvieron el control total de Italia.

Napoleón regresó triunfante a Francia y un par de años más tarde, en 1802, fue nombrado cónsul vitalicio. En 1804 fue proclamado emperador. Ese mismo año, Napoleón promulgó su propio código civil (más tarde conocido como Código Napoleónico), que codificaba en leyes muchos de los ideales de la Revolución, aunque con la fuerza autoritaria de Napoleón tras ellos.

Este código civil garantizaba un cierto grado de igualdad a los ciudadanos franceses y establecía una meritocracia en la que cada cual podía ascender en la sociedad francesa en virtud de sus habilidades particulares, en lugar de por nacimiento o por la mera compra de un puesto en un gremio, como había sido demasiado común en el pasado. Incluso después de la muerte de Napoleón, el establecimiento de este código civil sería uno de sus legados más duraderos.

Francia y Gran Bretaña habían decretado una tregua temporal debido a la firma del Tratado de Amiens en 1802. Este alto el fuego temporal ya se había roto poco después de que Napoleón fuera coronado emperador en 1804. Los franceses, golpeados y maltrechos como estaba su armada, empezaron a desafiar a los británicos en alta mar mientras volvían a pensar en la idea de una invasión de Gran Bretaña.

Pero una vez que los británicos destrozaron los barcos franceses en cabo Finisterre en julio de 1805 y aplastaron a la armada francesa en Trafalgar poco después, todos los planes de invadir Gran Bretaña por mar quedaron archivados. En su lugar, Napoleón renovó su guerra por tierra; atacando al ejército de la Coalición reunido en Austerlitz, asestó un terrible golpe a los ejércitos austriaco y prusiano en diciembre.

Y aunque los británicos estaban fuera de su alcance, Napoleón se embarcó en una estrategia de guerra económica. Consolidando su control sobre el continente europeo, intentó excluir a los británicos de todo comercio instituyendo su «Sistema Continental». Esperaba poder ahogar a Gran Bretaña en recursos esenciales, pero el robusto comercio británico aún conseguía colarse por varios agujeros del sistema napoleónico.

Uno de esos agujeros era Rusia, que, aunque no estaba en guerra con Napoleón, solo cumplía a medias la política continental de Napoleón. Esto llevó a Napoleón a planear una invasión de la propia Rusia. Esta desastrosa invasión se lanzó en junio de 1812. Napoleón había reunido un gran ejército de unos 600.000 soldados, y si podía enfrentarse a las fuerzas rusas en combate abierto, tenía una buena oportunidad de victoria.

Sin embargo, los comandantes rusos sobre el terreno fueron lo suficientemente listos como para privar a Napoleón de esta oportunidad. En lugar de enfrentarse a él en combate abierto, se retiraron cuidadosamente, llevando a Napoleón cada vez más lejos en Rusia. A medida que los ejércitos rusos se alejaban, desplegaban una política de tierra quemada, quemando todo lo que dejaban atrás mientras huían. Esto se hizo para que los ejércitos conquistadores de Napoleón no encontraran nada que les ayudara a mantenerse.

A continuación, libraron una terrible batalla contra las tropas rusas cerca de Moscú. Los franceses salieron victoriosos, pero a costa de unos setenta mil soldados franceses muertos. El ejército ruso no fue derrotado, sino que decidió retirarse hacia el este. Napoleón llegó hasta Moscú, pero la encontró prácticamente abandonada e incendiada. No pudo abastecer a sus tropas y, con la llegada del crudo invierno ruso, lo pasaron muy mal, ya que los soldados apenas podían calentarse y corrían el riesgo de congelarse.

También estaba el problema de los ataques aleatorios de los pocos ciudadanos que merodeaban por la ciudad. No podían confiar en nadie, no tenían comida y apenas podían calentarse. Para su disgusto, Napoleón se dio cuenta de que, aunque estaba ocupando la capital rusa, con el ejército ruso al acecho en la lejana frontera oriental de la nación, no podía decir que había conquistado Rusia.

En lugar de ello, se vio obligado a huir de su ilusoria conquista y enviar a sus gélidas y hambrientas tropas en una humillante y mortal marcha de regreso a Francia. En cuanto dieron media vuelta y huyeron, el ejército ruso salió de su escondite en el este y hostigó sin piedad a los soldados franceses que huían. Decenas de miles de soldados franceses perdieron la vida; muchos simplemente murieron congelados.

Se dice que este terrible episodio marcó la segunda vez que Napoleón abandonaba a sus tropas, ya que se subió a un trineo rápido de regreso a Francia mientras el resto de su ejército recorría lenta y penosamente a pie el camino de vuelta a casa. Como en Egipto, Napoleón regresó a París para controlar los daños antes de que se corriera la voz de su terrible derrota.

No importaba; la noticia ya estaba escrita en la pared. Y tras otra desastrosa derrota ante la coalición en Leipzig en octubre de 1813, Napoleón supo que se había acabado. Finalmente pidió la paz en la primavera de 1814 y abdicó el 4 de abril. En los términos del acuerdo subsiguiente, el Tratado de Fontainebleau, Francia fue despojada de su imperio, y el propio Napoleón fue exiliado a una pequeña isla llamada Elba en medio del Mediterráneo.

Luis XVIII, hermano del difunto Luis XVI, es colocado en el trono francés. Francia parecía haber cerrado el círculo; la monarquía por la que tantas cabezas habían rodado volvía a estar vigente. Pero esto, por supuesto, no era el final de la historia. Napoleón protagonizaría una gran fuga de su prisión isleña y, durante cien embriagadores días, volvería a liderar Francia.

El 26 de febrero de 1815, Napoleón logró colarse a bordo de un bergantín francés llamado *L'Inconstant* y desembarcar en Francia continental el 1 de marzo. La noticia de su fuga ya se había difundido, y un ejército francés fue enviado para apresar al antiguo emperador fugitivo. Pero en uno de los momentos más memorables de Napoleón, en lugar de huir de las tropas enviadas para apresarlo, corrió hacia ellas.

Se dice que abrió su abrigo y desafió a las tropas a dispararle en el acto. Napoleón supuestamente gritó: «¡Si alguno de ustedes quiere disparar a su emperador, aquí estoy yo!». En lugar de disparar o simplemente detener al dictador, las tropas prorrumpieron en vítores espontáneos. Napoleón volvía a estar al mando de uno de los ejércitos más poderosos de Europa.

En retrospectiva, podría parecer predeterminado que las tropas de Napoleón lo celebraran de esta manera. Pero si tenemos en cuenta el estado de ánimo y la atmósfera de la Francia de la época, esta apuesta de Napoleón no era nada segura. Sí, muchos estaban realmente disgustados con el regreso de la antigua monarquía francesa, la pérdida del imperio y el sentimiento general de ser acosados por otras potencias europeas, pero al mismo tiempo, muchos entre los franceses estaban bastante frustrados con el propio Napoleón.

Algunos no dudaron en culparlo de las recientes miserias de Francia. Uno de los antiguos mariscales franceses, Michel Ney, justo antes del regreso de Napoleón, había declarado públicamente que consideraba que Napoleón debía ser considerado responsable de muchos de los problemas de Francia e incluso llegó a afirmar que Napoleón «debería ser traído de vuelta en una jaula de hierro».

Sin embargo, tras el regreso de Napoleón, la mayoría empezó a cantar una melodía diferente, *literalmente*. Cantaban la canción de «¡Viva el emperador!» y de repente surgió la esperanza de que Napoleón revirtiera de algún modo las recientes desgracias de Francia.

Pero no fue así.

Las potencias extranjeras se negaron incluso a reconocer a Napoleón como un líder legítimo en ese momento, y el 25 de marzo de 1815 surgió otra coalición de Gran Bretaña, Rusia, Austria y Prusia para detener a Napoleón en su camino.

Esta coalición provocaría la derrota final de Napoleón en la batalla de Waterloo, que tuvo lugar en junio. Napoleón se vio obligado a huir de vuelta a París con lo que quedaba de su destrozado ejército. Allí, una vez más renunció como gobernante de Francia, abdicando el 22 de junio. Intentó escapar una vez más cuando las fuerzas de la coalición se acercaban, pero encontró todos los puertos bloqueados.

Sabiendo que no tenía adónde huir y no queriendo ser perseguido como un perro, Napoleón decidió entregarse a los británicos. Napoleón se rindió el 15 de julio y pronto subió a un barco británico para dirigirse a su próximo destino en el exilio: la isla de Santa Elena. Aquí pasaría sus últimos días hasta que pereció el 5 de mayo de 1821.

Capítulo 7: El largo siglo XIX

Solo después de que Napoleón fuera depuesto definitivamente, el rey Luis XVIII se afianzó en el trono francés. Al principio, Luis y su régimen supieron equilibrar la facción monárquica de Francia con la nueva clase de notables que había surgido desde la Revolución francesa. Uno de los artífices de este equilibrio fue el ministro del rey, Élie Decazes.

El rey, aunque formaba parte de la restauración real, se aseguró de acatar una nueva carta que reconocía la mayoría de los logros democráticos de la revolución. Gran parte de las mismas libertades prometidas que la Revolución francesa pretendía refrendar también serían protegidas y apoyadas por el rey francés. Su reinado duraría hasta 1824, cuando debido a una amplia variedad de aflicciones, incluyendo gota e incluso un ataque de gangrena, pereció el 16 de septiembre de ese año.

Fue la última vez en la historia que un rey francés fallecía en el poder. A su muerte, el «conde de Artois» sería elegido para sucederle como rey Carlos X. Este era otro rey de edad avanzada; ya tenía 67 años cuando fue coronado. A pesar de su edad, parecía carecer de la sabiduría que muchos esperaban que aportara al trono.

Por el contrario, parecía un hombre anclado en el pasado. Mientras que su predecesor, Luis XVIII, era muy consciente de los cambios que se habían producido en la sociedad francesa y había intentado adaptar y comprometer los protocolos reales para acompañarlos, Carlos parecía querer hacer retroceder todos los logros de la revolución y volver a una monarquía absoluta.

La primera señal de que esto se produjo el 29 de mayo de 1825, cuando Carlos X fue coronado en la catedral de Reims en un elaborado y ostentoso despliegue, que no se había producido desde los días del Antiguo Régimen. No hace falta decir que esto no sentó bien al pueblo francés. Aun así, Carlos X demostró ser todo un aventurero. Al igual que Napoleón, sus hazañas en ultramar sirvieron para distraer la atención de los problemas internos.

Fue en julio de 1830 cuando ordenó a las fuerzas francesas que emprendieran una expedición a Argelia. Pronto, la bandera francesa ondeó en Argelia, y los franceses ocuparon este trozo de territorio norteafricano durante más de un siglo, sin abandonarlo oficialmente hasta 1962. A pesar de la distracción que pudieron suponer estos acontecimientos externos, no pudieron evitar que las continuas discordias internas se hicieran finalmente patentes.

El rey Carlos X ya había tomado medidas para suspender la Constitución y, en julio, censuró lo que hasta entonces había sido una prensa libre. La noción de libertad de prensa y los derechos que prometía la Constitución eran fundamentales para los logros de la Revolución francesa. La cuestión era qué se iba a hacer al respecto.

En cuanto a las imprentas, se dice que, en un caso, tan pronto como un funcionario se presentó con personal para desmantelar una de ellas, los mismos trabajadores la volvieron a montar, en total desafío a lo que se les acababa de ordenar. Aún más inquietante para el régimen fue la aparición de un numeroso grupo de manifestantes a las puertas del *Palais-Royal*, exigiendo el reconocimiento de sus derechos.

Con recuerdos como el asalto a la Bastilla no tan lejanos de la historia, parecía que podía ocurrir cualquier cosa. Los temores de los funcionarios encargados de mantener la paz también se veían exacerbados por el hecho de que las mejores legiones de tropas francesas se encontraban en Argelia. Dicho esto, si se producía un levantamiento de gran envergadura, habría sido difícil de sofocar.

Para empeorar aún más las cosas, muchos de los soldados estacionados en Francia comenzaron a desertar hacia los manifestantes. En lo que habría sido básicamente una repetición de la Revolución francesa, en la que muchas de las tropas reales se unieron a los manifestantes, estaba bastante claro que a Carlos X solo le quedaba una cosa por hacer: dimitir. Literalmente resignado a su destino, Carlos X presentó su dimisión el 2 de agosto de 1830.

Poco después, él y toda su familia abandonaron Francia para autoexiliarse en Inglaterra. Su primo, el duque de Orleans, Luis Felipe, le sucedió. Luis Felipe, el «rey ciudadano», se posicionó no tanto como el rey de Francia, sino como el rey de los franceses. Prometió que sería el abanderado de los derechos de la revolución que tanto ansiaban.

Respetaría la Constitución y la libertad de prensa, y haría todo lo posible por defender la dignidad del pueblo francés, o al menos eso afirmaba. Su estrategia nacional consistía en defender los derechos de los franceses, mientras que su estrategia internacional consistía en mantener alianzas estrechas y sólidas, evitando al mismo tiempo enredos exteriores innecesarios. Rompiendo con la tradición de siglos de animosidad, el aliado internacional más cercano que buscó el rey Felipe fue Gran Bretaña.

Su mayor deseo era emular a Gran Bretaña en la formación de una monarquía constitucional, en la que el compromiso y la consideración del bien público eran fundamentales. Pero por mucho que Felipe esperara encontrar un equilibrio ganador de estabilidad, no fue así. Por el contrario, su mandato como rey fue bastante turbulento. Evitó la revolución, pero hubo varios episodios de protestas, manifestaciones e incluso insurrecciones.

También tuvo que barajar sistemáticamente la baraja de sus ministros. Se dice que entre agosto de 1834 y febrero de 1835 pasó por cinco primeros ministros. También esquivó por los pelos un intento de asesinato el 28 de julio de 1835. Cuando salía de las Tullerías para ver a la Guardia Nacional, un hombre armado le disparó desde la ventana de un edificio cercano. Aunque el rey salió ileso, varias personas fueron acribilladas en la melé de balas que se abatió sobre su séquito. Este no sería el último atentado contra Felipe, que volvería a ser víctima de una tentativa de asesinato en junio de 1836.

Mientras tanto, Luis Napoleón, sobrino de Napoleón Bonaparte (que más tarde sería apodado «Napoleón III»), había estado provocando problemas. Utilizando su nombre para provocar a los bonapartistas, intentó un golpe de estado en 1835 y volvió a intentarlo en 1840 antes de huir a Gran Bretaña. Cuando una serie de levantamientos y revoluciones sacudieron gran parte de Europa en 1848, Napoleón III encontró la oportunidad perfecta para regresar. Apenas abdicó Felipe del trono, el 24 de febrero de 1848, Napoleón III comenzó a hacer olas de nuevo en Francia.

Se estableció un gobierno provisional y se convocaron elecciones para elegir al presidente de la «Segunda República». Napoleón III se presentó como candidato y ganó de forma aplastante. Por supuesto, su nombre gozaba de un excelente reconocimiento y, gracias a la distancia de varios años que los separaba de los acontecimientos de las guerras napoleónicas, los corazones de muchos franceses se habían encariñado con el viejo Bonaparte. Los desastres que Napoleón Bonaparte había traído a Francia durante su reinado estaban muy olvidados, y aquellos que deseaban ver el pasado a través de lentes color de rosa solo recordaban el prestigio y la grandeza de Bonaparte.

Fueron estos anhelos de volver a ser grandes los que proyectaron sobre los hombros de su sobrino Luis Napoleón. Y Luis, o como prefería que lo llamaran, «Napoleón III», estaba dispuesto a aceptar el esperado manto. Poco después de su elección, se aseguró de celebrarlo en el Palacio del Elíseo, donde su famoso tío había residido en el pasado. Aunque tal vez muchos pensaban en la construcción de un imperio cuando pensaban en el nombre de Napoleón, lo primero que Napoleón III tenía entre manos no era la construcción de un imperio, sino la consolidación de lo que Francia ya tenía.

Su obligación más apremiante era arreglar la tambaleante economía francesa y las deficientes infraestructuras. Y en esta hazaña, Napoleón III estaba sorprendentemente bien dotado para la tarea. Se dice que bajo su mandato, Francia, que hasta entonces se había quedado rezagada con respecto a sus homólogos europeos, asistió al despegue de una industrialización masiva. Y lo que es más importante, Napoleón III fue testigo del trazado de nuevas líneas ferroviarias por toda Francia. El hecho de que Francia dispusiera por fin de un transporte ferroviario moderno y fiable tuvo un gran impacto en la economía francesa.

Ahora que las mercancías podían transportarse fácilmente de una parte a otra del país, el comercio floreció. El vino del sur de Francia, por ejemplo, podía enviarse fácilmente a París, creando un auténtico boom vinícola que no existía antes. Ya no había necesidad de mercados locales para el vino cuando el mejor vino de Francia podía ser enviado desde el soleado sur de Francia cualquier día de la semana.

La construcción de ferrocarriles y otros proyectos de industrialización también fueron positivos para los bancos de inversión, ya que de repente tenían un campo claramente definido en el que invertir su dinero. El éxito de los bancos de inversión provocó un aumento de la confianza general en los bancos, y cada vez más ciudadanos franceses depositaban tanto su fe como su dinero en las instituciones bancarias. Los billetes gozaban ahora de la total confianza de los franceses, y el papel moneda se convirtió en la norma en Francia. Todo ello era muy importante para el futuro de Francia y auguraba muchas más cosas positivas.

Tal vez debido a su aparentemente gran éxito económico y nacional, cuando Napoleón III dio un golpe de estado en diciembre de 1851 (para permanecer en el poder indefinidamente), la mayoría de los franceses parecieron tomárselo todo con calma. La única resistencia real provino del antiguo oponente político de Napoleón III, Víctor Hugo, que lideró pequeñas manifestaciones en París, pero que finalmente fueron sofocadas por las tropas de Napoleón y quedaron en nada.

La Segunda República se había transformado rápidamente en el imperio personal de Napoleón III. Tal cosa debería haber sido sorprendente, pero mientras la economía estuviera en auge, no habría demasiados en las calles para protestar. Al contrario, Napoleón III hizo todo lo posible por presentarse no como un tirano, sino como el llamado «soberano del pueblo». Era, en esencia, un líder populista que intentaba posicionarse como un hombre del pueblo que velaba por sus intereses.

La mayoría parecía estar convencida de que eso era cierto. E incluso si no lo estaban, la red de policía secreta de Napoleón, en rápida expansión, probablemente habría hecho un trabajo rápido con ellos. Aunque la economía y los asuntos internos parecían estar muy afinados bajo Napoleón III, esto no quiere decir que no hubiera contratiempos en el camino. Fue en 1867 cuando quebró la institución crediticia francesa Crédit Mobilier.

Pero además de la quiebra bancaria del Crédit Mobilier, el peor revés al que se enfrentaría Napoleón III fue su política exterior. En primer lugar, en 1862, durante el apogeo de la guerra de Secesión estadounidense, respaldó una temeraria expedición a México, que instaló al archiduque austriaco Maximiliano como emperador de México en 1864. Esto se hizo supuestamente como represalia por los préstamos que el gobierno mexicano no había pagado.

Ciertamente no es bueno que un país deje de pagar su deuda, pero la mayoría, entonces y ahora, consideraría la ocupación militar por el impago de préstamos una opción bastante extrema para remediar la situación. Poco después de terminar la guerra de Secesión, cuando el gobierno de Estados Unidos ya no estaba distraído por las discordias internas, se le dijo a Francia en términos inequívocos que no metiera las manos en México. Las tropas francesas abandonaron el país en 1867, aunque Maximiliano y su séquito intentaron quedarse, lo que provocó su arresto y muerte por fusilamiento.

Es probable que Napoleón III quisiera olvidar rápidamente esta debacle. Pero le esperaban más fracasos en política exterior. Desde que Francia se declaró neutral tras el estallido de las hostilidades entre Prusia y Austria en 1866, se había visto arrastrada cada vez más cerca de la guerra con la propia Prusia, una guerra que estallaría como la «guerra franco-prusiana» en julio de 1870. Napoleón III no estaba preparado para la magistral estrategia del líder prusiano Otto von Bismarck.

Napoleón perdería esta guerra cuando el 2 de septiembre de 1870, él y unos 84.000 soldados fueron obligados a rendirse tras perder la batalla de Sedán. Tras esta derrota militar, Napoleón III se enfrentó finalmente a la derrota personal como líder de Francia. Fue depuesto, el imperio quedó anulado y los franceses declararon el advenimiento de una Tercera República.

Sin embargo, aunque Francia ya no se consideraba a sí misma un imperio, poseía un territorio lo suficientemente extenso como para ser considerada imperial. A pesar de su derrota en Europa, durante el reinado de Napoleón III, Francia había adquirido un considerable territorio de ultramar. En el continente africano, Argelia y Senegal se habían convertido en colonias francesas. En el sudeste asiático, los franceses se apoderaron de las actuales Vietnam, Camboya y Laos, creando la Indochina francesa.

Durante este periodo, Francia también emprendió una pseudocruzada al enviar tropas francesas a Líbano, supuestamente para proteger a los cristianos maronitas y los lugares de culto cristianos. Sí, puede que Francia ya no se llamara a sí misma Imperio tras la caída de Napoleón III, pero las ambiciones imperiales que Francia seguía proyectando sobre gran parte del mundo a finales del siglo XIX eran realmente muy claras.

Capítulo 8: La larga marcha de Francia hacia la *guerre de revanche*

La guerra franco-prusiana terminó con una humillante derrota. La Asamblea Nacional de Francia, que actuaba como autoridad de la nación en aquel momento, firmó el armisticio con Prusia el 28 de enero de 1871. Esto puso fin a la guerra franco-prusiana, pero los sombríos términos del acuerdo desencadenarían una tremenda discordia interna en la propia Francia. En virtud del tratado, Francia perdió territorios europeos como Alsacia y Lorena, y tuvo que desembolsar miles de millones de francos en concepto de reparaciones.

Sin embargo, lo peor estaba por llegar cuando se anunció que la Asamblea Nacional suprimiría los salarios de los Guardias Nacionales destinados en París. El malestar provocado por estas duras condiciones desencadenó protestas masivas en las calles de París y, en última instancia, condujo a la Comuna de París, que nació espontáneamente en marzo de 1871. La comuna sería defendida por las mismas tropas de la Guardia Nacional a las que se les había negado su paga.

La comuna fue un experimento social de corta duración que sería sofocado por la fuerza en mayo. De marzo a mayo, París se convirtió en un campamento asediado en el que los parisinos (que antes se habían beneficiado de los vagones que traían regularmente mercancías a la ciudad) se vieron obligados a arreglárselas con lo que tenían a mano. Esto dio lugar a terribles escenas en las que los habitantes de la ciudad preparaban comida a base de gatos, perros y, a veces, incluso ratas capturadas.

Durante estos meses de escasez, ni siquiera el zoo local fue inmune al hambre de los manifestantes; en algún momento, incluso un par de elefantes fueron capturados y descuartizados para suministrar carne a los parisinos asediados. El 21 de mayo de 1871, las fuerzas federales leales cerraron el cerco y comenzó la «semana sangrienta», en la que el ejército regular francés se enfrentó a los Guardias Nacionales y a sus compañeros revolucionarios, provocando la muerte de decenas de miles de personas.

Aunque la comuna fue sofocada, su estallido espontáneo dejaría un impacto duradero en personas como Karl Marx, que más tarde sería considerado el fundador del *comunismo*. En sus escritos posteriores sobre el tema, Marx consideró la Comuna de París como un ejemplo de erupción espontánea de lo que llamó la «dictadura del proletariado». Marx veía este acontecimiento como un ejemplo de lo que podría ocurrir si el proletariado, o el ciudadano de a pie, tomara el control del gobierno.

La amenaza de la comuna permitió el ascenso del político francés Adolph Thiers, que restableció el orden y luego asumió el cargo de presidente y primer ministro de la nueva República Francesa. Desde este puesto, consiguió mitigar las pérdidas y, mediante el uso estratégico de las llamadas «campañas de préstamos», pudo pagar reparaciones por valor de 5.000 millones de dólares mucho antes de lo previsto.

Fue en 1872 cuando Thiers se propuso rehacer la República Francesa con la imagen más conservadora que pudiera imaginar. Pensó que los franceses estaban cansados de revueltas radicales y que había llegado el momento de restaurar el *statu quo* conservador. Se trataba, en muchos sentidos, de un retorno al populismo más conservador de Napoleón III, pero sin sus pretensiones imperiales.

En muchos sentidos, la sociedad francesa ha oscilado entre estos dos modos de pensamiento desde los tiempos de la Revolución francesa. Los revolucionarios franceses fueron impulsados por la extrema izquierda, solo para que se produjera una reacción conservadora ejecutada por Napoleón Bonaparte. Los revolucionarios de 1848 provocaron entonces una reacción muy parecida por parte de las facciones de Francia defendidas por Napoleón III.

Dicho esto, la sublevación temporal de la Comuna de París puede considerarse como un breve giro del péndulo hacia la izquierda, antes de que Adolfo Thiers lo devolviera rápidamente a la derecha. En 1873, Thiers había sido sucedido por el mariscal Mac Mahon como presidente, que seguiría siéndolo hasta que se vio obligado a dimitir en 1879. Aunque ostensiblemente era el «presidente» de la República, Mac Mahon estaba imbuido de suficiente influencia y poder por la facción monárquica de Francia, que muchos lo veían como una especie de monarca sin corona.

Sin embargo, cuando en 1879 se eligió una mayoría republicana en el Senado francés, Mac Mahon se vio obligado a abandonar el poder. Tras la destitución de Mac Mahon, este periodo de gobierno republicano duraría hasta 1898. Durante este periodo estalló el tristemente célebre caso Dreyfus. El calvario comenzó en 1894, cuando un oficial del ejército llamado Alfred Dreyfus fue acusado de espionaje, condenado y exiliado a la isla del Diablo.

Sin embargo, mientras los de derechas se felicitaban por el trabajo bien hecho, los de izquierdas empezaron a denunciar la condena por considerarla, en el mejor de los casos, una persecución política y, en el peor, un antisemitismo declarado. El escritor y activista Emile Zola encabezó esta acusación. El documento de Zola, *Yo acuso*, presentaba los argumentos de lo que él creía que había sido la inculpación de Dreyfus.

Las discusiones continuaron entre la izquierda liberal y la derecha conservadora hasta que Dreyfus fue finalmente exonerado en 1906. El mundo estaba experimentando muchos cambios y las alianzas cambiaban. En 1907, Francia había entrado en la Triple Entente, en la que Francia estaba firmemente aliada con Gran Bretaña y Rusia. Esta alianza se hizo para contrarrestar lo que los funcionarios franceses consideraban la creciente amenaza de Alemania.

El Imperio alemán se había declarado después de que Francia saliera perdedora de la guerra franco-prusiana. Muchos ignoran este hecho, pero la nación moderna de Alemania, tal y como la conocemos hoy, no existía hasta entonces. Antes existían varias confederaciones y principados alemanes en conglomerados como el Sacro Imperio romano Germánico y Prusia, pero no existía «Alemania».

Fue tras la derrota de Francia cuando se declaró un Estado alemán unificado. Casi de inmediato, la nueva y robusta nación alemana en las fronteras de Francia, que experimentó un rápido crecimiento militar y económico, fue un tremendo motivo de preocupación y ansiedad para los franceses. Como tal, los franceses buscaron tranquilidad estableciendo una alianza con Gran Bretaña y Rusia por si los alemanes les causaban algún problema. Pero por mucho que los franceses creyeran que esta alianza les aportaba seguridad, también les traía un tremendo enredo.

Porque no solo Gran Bretaña y Rusia estaban obligadas a acudir en ayuda de Francia, sino que Francia también estaba obligada a acudir en ayuda de sus socios. De este modo, Francia podía verse envuelta en conflictos que poco o nada tenían que ver con sus propios intereses. Y con el estallido de la Primera Guerra Mundial en 1914, esto es más o menos lo que ocurrió. ¿Qué interés tenía Francia en declarar la guerra a Alemania por el simple ruido de sables alemán en los Balcanes?

Sin embargo, tras un incidente aislado en el que un nacionalista serbio asesinó a un duque austriaco, Francia se vio arrastrada a lo que se convertiría en la Primera Guerra Mundial. El duque fue asesinado, Austria planteó duras exigencias y, cuando Serbia se negó a cumplirlas, Alemania respaldó el deseo de represalia de Austria. Rusia, que quería ayudar a los serbios, se enfrentó a Alemania. Francia se vio obligada a enfrentarse también a Alemania.

A medida que la situación seguía descontrolándose, se trazarían las líneas de la Primera Guerra Mundial con los aliados de Gran Bretaña, Francia y Rusia, librando una guerra contra las llamadas Potencias Centrales de Alemania, Austria y el Imperio otomano. A pesar de lo repentino de todo esto, algunos en Francia dieron la bienvenida a estos acontecimientos. En particular, había un movimiento conocido como la Liga de Patriotas, que había estado clamando por lo que llamaban *guerre de revanche* (guerra de venganza) para recuperar parte del prestigio que Francia había perdido en 1870.

Sí, para algunos en Francia el recuerdo de los agravios del pasado era largo, e incluso varias décadas después, la guerra que estalló en 1914 parecía una oportunidad más que suficiente para recuperar el terreno perdido. Al principio, los Aliados y las Potencias Centrales esperaban una guerra rápida y decisiva. Pero al final, la guerra se prolongaría en un sangriento estancamiento durante los años siguientes.

Los alemanes habían intentado asestar un golpe letal a los franceses invadiendo los países bajos, atravesando Bélgica y entrando en el norte de Francia. El objetivo era llegar hasta París, pero los franceses y sus aliados lograron detener el avance alemán en la batalla del Marne. Al parecer, los alemanes subestimaron el espíritu de lucha francés. Aunque gran parte de la infraestructura francesa había quedado dañada en el avance alemán hacia el sur, las tropas francesas tenían la moral alta y estaban decididas a defender París. Como tales, lucharon ferozmente contra los alemanes.

Aunque los alemanes permanecerían atrincherados en el noreste de Francia, gracias a la firme determinación del ejército francés, no avanzarían más. Fue aquí, en el llamado «frente occidental», donde se libraría gran parte del resto de esta sangrienta guerra. La guerra se libraría agazapada en las trincheras sin apenas cambios en las ganancias territoriales. Aun así, los combates fueron terribles y, en ocasiones, salpicados de gas venenoso. En la batalla de Ypres, en abril de 1915, los alemanes utilizaron gas venenoso contra sus enemigos en el frente occidental.

El siguiente punto de inflexión de la guerra se produjo con la sangrienta batalla de Verdún en 1916. Las tropas francesas estaban dirigidas por el general Philippe Pétain, que más tarde alcanzaría la infamia como líder de la Francia de Vichy. Sin embargo, durante este periodo, fue el heroico líder de la resistencia francesa a la agresión alemana. Pétain fue un portento de acción enérgica, ya que movilizó a sus tropas en un esfuerzo aparentemente incesante por repeler a los alemanes.

Los franceses lograron finalmente su objetivo, pero su victoria tuvo un alto costo en vidas humanas. La guerra se alargaría hasta la entrada de Estados Unidos, que finalmente obligó al frente alemán a derrumbarse por completo. La guerra terminó finalmente con la firma de un armisticio el 11 de noviembre de 1918. Ello dio lugar al Tratado de Versalles, que intentaba esculpir el orden de posguerra como los Aliados considerasen oportuno.

Según este acuerdo, los franceses verían repatriada la región de Alsacia-Loraine que habían perdido en la guerra franco-prusiana. Si esta fue la recompensa recibida por la *guerre de revanche* para muchos franceses, especialmente los que lucharon en las trincheras, debió parecerles bastante vacía.

Para los alemanes, los resultados serían aún más amargos: Alemania fue militarmente castrada, sometida a cuantiosas reparaciones y a la ocupación francesa de Renania. Toda esta amargura serviría de preludio y sembraría las semillas de la próxima guerra mundial.

Capítulo 9: La Resistencia y el colonialismo fracasado

Las semillas de la Segunda Guerra Mundial se habían plantado poco después del cese de la Primera Guerra Mundial. El final de la guerra había dejado un sabor amargo en la boca de muchos de los que lucharon en ella, franceses y alemanes incluidos. Los franceses, al menos, podían intentar racionalizar la tremenda pérdida de vidas con la idea de que habían «ganado» la guerra. Para los alemanes, sin embargo, no había tal consuelo, solo una sensación de derrota humillada.

Fueron estos amargos sentimientos los que Hitler y su partido nazi alimentaron a medida que ganaban prominencia en la década de 1920 y luego reforzaron aún más cuando Hitler llegó al poder en 1933. Los franceses eran muy conscientes de la renovada amenaza alemana a la que se enfrentaban, pero los dirigentes franceses se mostraron increíblemente indecisos a la hora de afrontarla. Incluso después de que Alemania se rearmara y regresara por la fuerza a Renania en marzo de 1936, ni los franceses ni sus aliados británicos hicieron gran cosa al respecto.

Esta indecisión no hizo sino envalentonar a Hitler y sus nazis para que se volvieran aún más agresivos. Tanto franceses como británicos deseaban evitar la guerra, pero el apaciguamiento resultante acabaría provocando la misma guerra que tanto intentaban evitar. Un Hitler envalentonado comenzó a anexionarse arbitrariamente territorios cercanos como Austria y Checoslovaquia.

Solo cuando Hitler invadió Polonia en 1939, los británicos y los franceses se vieron obligados a declarar la guerra a Alemania. En mayo de 1940, Alemania lanzó una guerra relámpago en la que los tanques alemanes arrasaron Bélgica, Luxemburgo y los Países Bajos, antes de penetrar en Francia.

Los franceses no estaban preparados para este ataque e informaron de ello a los británicos. Los británicos, temiendo el colapso francés, se vieron obligados a evacuar las fuerzas que tenían en Francia. Esto llevó a la evacuación de cientos de miles de tropas británicas de Dunkerque, Francia, mientras las tropas alemanas se acercaban. Finalmente, Francia se rindió a Alemania ese mes de junio y dio paso a lo que se denominó la «Tercera República de Francia».

Sin embargo, fue mucho más complicado que eso, ya que Francia era ahora esencialmente una nación dividida. Los alemanes se apoderaron totalmente del norte y el oeste de Francia, dejando solo un Estado en ruinas en torno a Vichy. Esta nueva encarnación de Francia, denominada posteriormente «Francia de Vichy», estaría dirigida por el férreo general francés de la Primera Guerra Mundial, el mariscal Philippe Pétain.

Aunque el gobierno de Vichy se declaró neutral, a menudo se vio obligado a colaborar activamente con los nazis. Los nazis también lograron volver el sentimiento francés contra sus antiguos aliados británicos. Después de que la flota francesa fuera destruida por los británicos en el puerto de Mazalquivir, por ejemplo, los alemanes pudieron utilizar esto como un garrote propagandístico con el que golpear a los británicos en la cabeza.

Los británicos temían que los alemanes se apoderaran de la flota francesa, por lo que ordenaron a los franceses que desmantelaran sus barcos. Cuando los franceses se negaron, los británicos lanzaron un ataque no provocado contra la armada francesa, haciendo volar los barcos franceses fuera del agua. Obviamente, este ataque británico fue contra un antiguo aliado y no contribuyó mucho a mejorar las relaciones con los franceses.

Sin embargo, los exiliados franceses en Inglaterra tuvieron que dejar atrás de alguna manera estas cosas mientras se unían a la causa de la «Francia Libre». Este movimiento de exiliados franceses liderado por Charles de Gaulle desempeñaría un papel crucial en la liberación final de Francia. También lo haría la resistencia francesa en la propia Francia. La resistencia de la Francia ocupada primero llevó a cabo sabotajes a pequeña escala, como la destrucción de vías de ferrocarril y cables telefónicos. Pero tras establecer contactos oficiales en Gran Bretaña y entre los franceses libres, un flujo constante de armas e información permitió la formación de un verdadero ejército clandestino de resistencia.

Mientras tanto, los alemanes se habían excedido gravemente, a pesar de sus victorias aparentemente fáciles sobre Noruega, los países bajos, Francia y Polonia. Estaban a punto de sufrir dos golpes estratégicos que resultarían letales. En primer lugar, el ejército alemán invadió Rusia. Tras arrollar a Polonia, el alto mando alemán se convenció de que la invasión de Rusia sería pan comido y lanzó la desafortunada Operación Barbarroja en junio de 1941.

Olvidando aparentemente todas las lecciones de la historia, en particular la aprendida por el propio dictador francés Napoleón, invadir la enorme extensión helada de Rusia es un desafío formidable solo desde el punto de vista logístico y probablemente condenado al fracaso. Por si fuera poco, Japón, aliado de Alemania, decidió atacar Pearl Harbor (Hawái) en diciembre de 1941. Esto llevó a Estados Unidos a la guerra, no solo contra Japón, sino también contra su socio, Alemania.

Los alemanes, que antes solo tenían que preocuparse de Inglaterra, ahora tenían a Estados Unidos y a la Unión Soviética plenamente comprometidos en la guerra. En un principio, Estados Unidos quería cargar de cabeza contra las fuerzas alemanas de la Europa continental desembarcando en el continente europeo en 1942. Sin embargo, los británicos los convencieron de que no lo hicieran y que atacaran a las fuerzas más débiles del Eje en el norte de África.

Esto llevó a los estadounidenses a invadir gran parte del territorio norteafricano de la Francia de Vichy, en Marruecos, Argelia y Túnez. Con el ataque de Mazalquivir aún fresco en la memoria, las fuerzas navales de la Francia de Vichy no vieron con buenos ojos esta incursión en su territorio. Aunque los desembarcos en Marruecos encontraron poca resistencia, se dice que Argelia, en particular, sufrió un fuerte rechazo por parte de los franceses estacionados allí.

Aun así, los Aliados se impusieron y capturaron al almirante de la Francia de Vichy François Darlan. El almirante resultó ser una bendición estratégica porque aceptó trabajar con los Aliados para conseguir un alto el fuego de las fuerzas de la Francia de Vichy del norte de África siempre que se lo reconociera como «alto comisario para Francia y África Occidental». Apoyar a Darlan, un claro colaborador, no era la más agradable de las decisiones que había que tomar, pero se consideró lo suficientemente importante como para hacerlo.

Aun así, muchos dirigentes de la Francia Libre, entre ellos Charles De Gaulle, despreciaron esta decisión. Pero el destino quiso que Darlan no durase mucho en su cargo de alto comisario, ya que fue asesinado el 24 de diciembre de 1942. La muerte de Darlan abrió la puerta a De Gaulle para posicionarse como líder de la Francia Libre, con una nueva base de operaciones establecida en Argelia.

El hecho de que hubiera surgido un gobierno francés libre con el respaldo de los Aliados en lo que entonces era técnicamente territorio francés fue una gran victoria propagandística para la Francia Libre. Sin embargo, los alemanes no se tomaron estos acontecimientos a la ligera y antes de que acabara el año ya se habían movilizado para ocupar Francia por completo.

No obstante, su estancia sería breve.

El 6 de junio de 1944, los Aliados desembarcaron en Normandía, y la Francia Libre, dirigida por Charles De Gaulle, apoyó a las fuerzas de liberación. Pero ahí no acaba la historia de la contribución de las tropas francesas a la Segunda Guerra Mundial. Los franceses libres y sus aliados de la clandestinidad seguirían luchando contra los alemanes hasta Alemania y, como resultado, tras la derrota alemana en 1945, los franceses tendrían su propio sector ocupado, junto con los británicos, los estadounidenses y los rusos.

Poco después de terminar la guerra, uno de estos aliados, los rusos, entraría en conflicto con el resto, y comenzaría la llamada Guerra Fría entre el Este comunista y el Oeste capitalista. El control soviético sobre Alemania Oriental inspiraría a franceses, británicos y estadounidenses a combinar sus sectores de control para unificarlos en una sola zona de ocupación de Alemania Occidental.

Francia tenía todo tipo de problemas con sus vacilantes posesiones coloniales. Las tensiones aumentaban tanto en Argelia, en el norte de África, como en la Indochina francesa, en el sudeste asiático. Pero de estos lugares, las posesiones francesas en el sudeste asiático eran las más acuciantes. De hecho, la Indochina francesa había sido tomada por los japoneses durante la guerra. Japón fue derrotado junto con sus aliados alemanes e italianos, pero incluso después de la expulsión de los japoneses, un movimiento independentista local liderado por Ho Chi Minh no iba a permitir que los franceses recuperaran el control.

Ho Chi Minh y sus compañeros de Vietnam del Norte utilizaron el comunismo como vehículo para librarse de los grilletes del colonialismo francés. Con el apoyo de la Unión Soviética y la China comunista, el Viet Minh del norte se unió en la batalla de Dien Bien Phu en 1954 y derrotó contundentemente a los franceses. El resultado fue un acuerdo por el que Vietnam se dividía en el paralelo 17, reconociendo al Vietnam del Norte comunista y a la recién establecida «República de Vietnam» en el sur.

El primer ministro francés Pierre Méndez-France se dio cuenta de que los días del colonialismo francés estaban contados; por ello, sentó las bases para romper los lazos que unían a Francia con otros territorios de ultramar, como Túnez y Marruecos, concediéndoles primero la autonomía y, finalmente, la independencia en 1956. Aun así, los franceses se resistirían a liberar a Argelia de los lazos coloniales que la unían, insistiendo Méndez en que Argelia era «parte de Francia».

Sin embargo, los argelinos nativos no pensaban lo mismo y, tras más de cien años de ocupación francesa, también estaban preparados para la independencia. Los argelinos se enfrentarían a los franceses en un levantamiento armado tras otro hasta que finalmente se deshicieron de ellos para siempre en 1962. Mientras tanto, los franceses se habían rendido en el Sudeste Asiático, cediendo el testigo a Estados Unidos, ya que una insurgencia comunista en Vietnam del Sur respaldada por el Norte amenazaba con convertir todo Vietnam en un paraíso para el comunismo.

A diferencia de los franceses, Estados Unidos no tenía ningún interés en el colonialismo, pero como los insurgentes eran de base comunista, Washington temía profundamente que se produjera un efecto dominó comunista descontrolado en la región. Por ello, las autoridades estadounidenses hicieron todo lo posible para apoyar a Vietnam del Sur, que no era comunista. Colocaron dinero y, más tarde, personal en la región para reforzar sus defensas contra el norte comunista.

Ya en 1954, Estados Unidos comenzó a enviar asesores militares. No fue hasta 1965 cuando las fuerzas estadounidenses se comprometieron por completo en el conflicto, que acabarían perdiendo en 1975. Para entonces, los franceses se habían lavado las manos por completo de Vietnam. Francia experimentaría un mini renacimiento bajo el mandato de Charles De Gaulle, héroe incondicional de la Segunda Guerra Mundial, que llegó al poder en 1958.

De Gaulle trabajaría para forjar una alianza más estrecha con otros países europeos y reforzar el ejército francés, un programa que incluía el establecimiento de un arsenal nuclear francés, esto último muy importante para De Gaulle, que lo consideraba necesario para romper el monopolio virtual que Estados Unidos y la entonces Unión Soviética tenían sobre las armas nucleares en ese momento. Al mismo tiempo que afirmaba su independencia como potencia nuclear recién descubierta, Francia intentaba reforzar sus lazos con sus vecinos europeos.

Esto era especialmente cierto en lo que se refería a lo que entonces se conocía como «Alemania Occidental». Sí, a pesar de que los alemanes habían sido la archienemiga que había ocupado y desestabilizado tan horriblemente a Francia, después de la guerra, el Estado Rump de Alemania Occidental se convertiría en el mejor amigo de la Francia de la posguerra. Con la mitad de su país cercenada y dividida por el Muro de Berlín, los alemanes tenían sus propios problemas, y la noción de solidaridad con sus vecinos europeos se había vuelto urgente.

Por ello, firmaron con entusiasmo un «tratado de amistad» con Francia en 1963. Pero, por mucho que De Gaulle cortejara la cercanía con las naciones de Europa Occidental, también cortejaba la controversia con el resto del mundo. Se distanció de Estados Unidos con declaraciones y acciones que parecían indicar su deseo de alejarse del estrecho vínculo que muchos otros Estados de Europa Occidental habían mantenido con Estados Unidos durante la Guerra Fría.

Las repentinas denuncias de De Gaulle sobre la guerra de Vietnam resultaron muy exasperantes desde el punto de vista estadounidense. Aunque los estadounidenses habían heredado el conflicto de los franceses, De Gaulle saltó a los titulares en 1966 al rechazar la participación de Estados Unidos en lo que consideraba una «guerra injusta».

Al año siguiente, consiguió incluso enfurecer a los canadienses cuando visitó Quebec en 1967 y realizó declaraciones que parecían animar al Quebec francófono a afirmar su independencia del resto de Canadá. Y ahí no acabaron los signos de exclamación internacionales de De Gaulle. Ese mismo año también consiguió enfurecer a Israel y a muchos de sus aliados cuando decretó un embargo de armas durante la guerra de los Seis Días.

Sin embargo, por mucho que De Gaulle quisiera crear una tercera opción entre ponerse del lado de Estados Unidos en todos los asuntos o tener que doblegarse ante la agresión soviética, las auténticas amenazas de esta última pronto harían que muchas de las posturas de De Gaulle parecieran ridículas. El peligro de agresión soviética se hizo demasiado real en 1968, cuando una manifestación en Checoslovaquia desembocó en una feroz represión soviética que incluyó la entrada de tanques en Praga.

Con los soviéticos en marcha, el alejamiento de De Gaulle de la política exterior de Estados Unidos, que muchos consideraban en el mejor interés de todas las naciones occidentales, parecía equivalente a un suicidio en ese momento. Charles De Gaulle, sintiendo la presión de su propia ambición fallida, acabó dimitiendo de su cargo en 1969. Francia se había encontrado a la deriva en un territorio nuevo e inexplorado y buscaba un lugar amistoso donde echar el ancla.

Capítulo 10: La evolución de la misión de Francia en un mundo globalizado

En los años de la posguerra, Francia se vio inmersa en un mundo cada vez más interconectado y globalizado. Sus posesiones coloniales podían haber desaparecido, pero incluso sin colonias lejanas, Francia era capaz de aprovechar plenamente un mercado cada vez más internacionalizado que proporcionaba a Francia acceso a un área cada vez mayor de bienes y servicios.

Pero a pesar de la base económica más o menos sólida en la que se encontraba Francia, la base política distaba mucho de ser segura. Charles De Gaulle había alcanzado una gran popularidad en los años sesenta, pero dimitió en 1969. Su dimisión provocó unas nuevas elecciones y la búsqueda de candidatos viables. Finalmente fue su propio primer ministro, Georges Pompidou, quien se convirtió en su sucesor. Aunque Pompidou era considerado un «gaullista», a pesar de no ser Gaulle, muchos creían que respaldaba políticas y programas similares.

Pero Pompidou demostró ser mucho menos ampuloso que su predecesor. Se abstuvo de hacer comentarios incendiarios en público y, a diferencia de De Gaulle, expresó mucha más solidaridad con los aliados tradicionales de Francia, Gran Bretaña y Estados Unidos. Pompidou también siguió una economía más tradicional de «*laissez-faire*», dejando que el mercado funcionara por sí mismo.

En los años setenta, Francia experimentaba un auge económico y un fuerte comercio internacional. Como demuestra el hecho de que el ciudadano francés medio tuviera ahora sus propios coches, lavadoras, frigoríficos y televisores. Esto contrasta fuertemente con las privaciones de los años anteriores. Pero quizá lo más revelador fue la prisa por equipar los hogares franceses con teléfonos.

Antes de Pompidou, solo el 14% de los hogares franceses tenían teléfono. En los años ochenta, sin embargo, se dice que esa cifra había aumentado hasta el 75%. Hoy nos puede parecer un poco chocante pensar que Francia se había quedado rezagada con respecto al resto del mundo en estos productos básicos, pero los avances logrados bajo el mandato de Pompidou nos dan una idea de las carencias con las que se encontró al llegar al poder.

La salida de Pompidou fue otra partida repentina en la política francesa; murió en el cargo el 2 de abril de 1974. Por muchos logros que hubiera conseguido su administración, se había marchado con una crisis económica en ciernes debido al aumento del costo del petróleo. Francia dependía en gran medida del petróleo de Oriente Medio durante este periodo, y un embargo impuesto por los países productores de petróleo en 1973 provocó una grave inflación en 1974.

Tras la muerte de Pompidou, fue el líder liberal Valery Giscard d'Estaing quien se hizo cargo de la crisis económica. Giscard hizo todo lo posible por contener la marea, pero los problemas parecían casi insuperables. Entretanto, Francia se vería sacudida por otro colapso económico alimentado por el petróleo en 1979, a raíz de la Revolución iraní. El sah de Irán, amigo de Occidente, había sido derrocado y sustituido por un régimen islámico.

Estas circunstancias no auguraban nada bueno para las elecciones de 1981. En ellas, el vacilante Giscard se enfrentó al incondicional socialista François Mitterrand. Mitterrand supo aprovechar la crisis económica y otras turbulencias que habían estallado durante los años de Giscard y se presentó con una campaña de «*la force tranquille*», o «la fuerza tranquila».

Se presentaba a sí mismo como una fuerza tranquila y firme capaz de enderezar el barco francés que se tambaleaba. La presentación de Mitterrand fue suficientemente convincente, y al final consiguió una victoria por un margen del 51,75% frente al 48,24% de Giscard. Ahora los años 80 pertenecían al ala izquierda de la política francesa. La cuestión era qué iban a hacer con ella. La economía seguía siendo el centro de atención, pero Mitterrand también tenía algunos objetivos sociales que quería alcanzar.

Su primera gran medida fue la abolición de la pena de muerte, que fue oficialmente eliminada de la legislación francesa en 1981. Para un país conocido por la guillotina, la idea de que nadie en Francia, por razones políticas o de otro tipo, tuviera que perder la cabeza nunca más fue revolucionaria en sí misma. En lo que respecta a la economía, al año siguiente, en 1982, Mitterrand se embarcó en un enfoque que probablemente hizo más por las finanzas francesas que cualquier otra cosa durante su mandato.

Ese año, permitió a los representantes locales en el ámbito municipal tener un control mucho más sólido sobre el gasto que se realizaba en sus distritos. Esto ayudó a crear una mayor supervisión y fue constructivo en la lucha contra la corrupción. Pero fue quizá la propia ambición socialista de Mitterrand lo que hizo en su gobierno. Después de aumentar el salario mínimo, añadir subsidios adicionales para la vivienda, prestaciones médicas y mejorar las pensiones de vejez, la inflación empezó a dispararse.

Por supuesto, todos estos programas sociales no se pagan solos. Para compensar su costo, Mitterrand intentó gravar a los más ricos de Francia. Sí, en una clásica imitación de Robin Hood, este incondicional socialista deseaba robar a los ricos para dárselo a los pobres. Pero sus esfuerzos no hicieron más que agravar la situación inflacionista de Francia.

Tampoco ayudó el hecho de que Alemania, el Reino Unido y Estados Unidos fueran en la dirección opuesta, aplicando políticas deflacionistas mediante la subida de los tipos de interés. Pronto el gasto inflacionista de Francia estaba tan fuera de control y sus tipos de interés internacionales tan devaluados que el propio franco llegó a ser prácticamente inservible, ya que la moneda de Francia se devaluó repetidamente.

Las estadísticas de crecimiento económico en Francia de 1981 a 1984 muestran una tasa de crecimiento de solo el 1,5%. Socialista o no socialista, Mitterrand era lo bastante listo como para saber que su política no funcionaba y, en 1983, ya empezaba a cantar otra canción. En ese momento, su administración cambió de rumbo y empezó a aplicar las mismas políticas deflacionistas que estaban ejecutando Europa Occidental y Estados Unidos.

En la escena internacional, las nuevas realidades del globalismo y el aumento de la inmigración a Francia procedente de muchas de sus antiguas colonias provocaban inquietud en la Francia continental. Estas inquietudes contribuyeron al ascenso del nacionalista de derechas Jean-Marie Le Pen y su partido, el Frente Nacional. Ante el creciente temor y descontento del electorado francés, el Frente Nacional empezó a ganar adeptos.

Al mismo tiempo, Mitterrand y su partido no pretendían atizar el miedo y la división, sino avivar la esperanza y la solidaridad entre todos los pueblos francófonos del mundo. A partir de 1982, Mitterrand encabezó cumbres internacionales dedicadas a las «naciones francófonas», en las que habló de su deseo de entendimiento universal entre estos «portadores de la cultura [francesa]».

Estos esfuerzos atrajeron a muchos en tierras francocanadienses y africanas, donde Francia era la lengua dominante. Mitterrand acudió a las elecciones de 1988 con mucha incertidumbre, pero consiguió imponerse por los pelos a su oponente Jacques Chirac. Mientras tanto, Mitterrand se enfrentaba a un legado tambaleante. A principios de los noventa, buscaba cualquier cosa que le sirviera de apoyo político.

Con esta idea en mente, Mitterrand presentó en 1992 propuestas para que el electorado francés votara el Tratado de Maastricht, que suponía otro paso importante en la unificación europea, ya que ayudaría a forjar un mercado europeo universal. La medida se aprobó, pero por los pelos, con un 59% de votos a favor y un 49% en contra.

Al año siguiente, sin embargo, la economía francesa sufrió un nuevo revés cuando, en 1993, el PIB francés descendió y el desempleo se disparó. En las elecciones parlamentarias de ese mismo año, el partido de Jacques Chirac obtuvo una aplastante victoria. Esto allanó el camino para la elección del propio Chirac en 1995. Bajo el gobierno de Chirac, las condiciones económicas empezaron a mejorar.

En 1998, por ejemplo, en lugar de contraerse, la economía francesa experimentó un fuerte crecimiento, ¡hasta un 3,2% ese año! A Francia le iba lo suficientemente bien como para que al año siguiente se sintiera con plena confianza para echar una mano en el conflicto de la OTAN que había estallado en torno al antiguo país yugoslavo de Kosovo.

Tras el estallido del conflicto en la primavera de 1999, se dice que Francia suministró más aviones de combate que cualquier otra nación europea implicada. Ese mismo año, Francia también desempeñó un papel fundamental en otro paso hacia la unidad europea al apoyar la creación de la «Eurozona» en 1999. Francia se enfrentó a una recesión económica a principios de la década de 2000; sin embargo, se hundió tras el boom de las puntocom.

La situación era tan mala que los taxistas se declararon en huelga en las ciudades y los agricultores utilizaron sus tractores para bloquear el acceso a las refinerías de petróleo. En las elecciones de 2002, la situación parecía sombría, pero Jacques Chirac sorprendió al mundo al imponerse con una aplastante victoria del 82% de los votos. La explicación de esta hazaña fue simplemente que no había otros candidatos que fueran del agrado del electorado francés.

El principal competidor de Chirac era el político socialista Lionel Jospin y el aspirante de extrema derecha Jean Marie Le Pen. A nadie le gustaba Jospin, y nadie estaba dispuesto a votar a un candidato de extrema derecha como Le Pen. Esto explica en gran medida la aplastante victoria de Chirac. Aun así, el hecho de que un personaje como Le Pen obtuviera tantos votos hizo que el programa satírico de la televisión francesa «*Les Guignols d l'Info*» hiciera un sketch con una marioneta de Le Pen tranquilamente de pie en el fondo.

Preguntaron a la marioneta de Le Pen qué estaba tramando, para que respondiera: «Nada, solo esperar». Como si todo lo que tuviera que hacer la extrema derecha fuera esperar a que los franceses perdieran la fe en los partidos políticos más tradicionales de Francia y se les abriera la puerta de la presidencia.

Poco después de las elecciones, cuando Estados Unidos lanzó su nefasta invasión de Irak en 2003, Chirac avivó las tensiones con Estados Unidos al negarse a participar. Aunque el presidente estadounidense George W. Bush había viajado por todo el mundo argumentando que Irak tenía armas de destrucción masiva y estaba vinculado a grupos terroristas, Chirac no veía ni la conexión ni la necesidad de la invasión.

Como la historia demostraría más tarde, Chirac parece haber tomado una sabia decisión. Se descubrió que Irak no tenía las armas de destrucción masiva que la administración Bush había sugerido. Y nunca se demostró adecuadamente la existencia de una conexión activa con grupos terroristas. Aun así, el hecho de que Francia desairara los esfuerzos bélicos de Estados Unidos haría mella en las relaciones franco-estadounidenses.

En 2007, Chirac fue sucedido por su ex primer ministro Nicolas Sarkozy. Aunque Francia no participó en la invasión de Irak de 2003, reconoció la necesidad de reforzar su ejército. Y en 2008, una de las primeras iniciativas en las que se embarcó Sarkozy fue la modernización del ejército francés. Esto supuso una fuerte inversión en modernos aviones no tripulados, satélites, los últimos cazas a reacción e incluso la construcción de nuevos submarinos nucleares.

Curiosamente, aunque el ejército francés se mantuvo al margen durante la guerra de Irak, en 2011, durante la llamada «primavera árabe» que sacudió el norte de África, cuando los rebeldes derrocaron a Gadafi en Libia, Sarkozy envió algunos de esos aviones de combate antes mencionados para prestar su apoyo. Se podría argumentar que las razones para hacer esto son tan cuestionables como las de la invasión de Irak, pero en este caso, Sarkozy decidió no ser tímido con el uso de las fuerzas armadas francesas.

Sarkozy no fue reelegido, pero perdió la presidencia en favor de François Hollande en 2012. Hollande, a su vez, sería sucedido por el presidente francés Emanuel Macron en 2017. Macron fue reelegido en las elecciones de 2022. Se enfrentaba a Marine Le Pen, la hija del mayor de los La-Pen. Macron fue el primer presidente francés en funciones en ganar la reelección desde los tiempos de Jacques Chirac, allá por 2002.

Conclusión: A la altura del desafío

Francia es uno de los núcleos de población más antiguos del planeta. Debemos decir «habitación humana» porque aunque el nombre «Francia» no siempre se ha aplicado a esta región, los seres humanos han habitado esta tierra durante muchos millones de años. En los anales de la historia, los primeros habitantes de esta tierra fueron los galos, y Francia se convirtió en la tierra de los galos para los romanos.

Tras la caída del Imperio romano, al que se incorporó la antigua Francia, surgió una tribu conocida como los «francos», de la que derivó el nombre de «Francia». Bajo los francos se sucedieron las dinastías merovingia, carolingia y, por último, capeta, que llevarían al trono a una larga serie de reyes franceses.

Esta sucesión de administraciones reales se vería interrumpida por la Revolución francesa, que sacudiría no solo a Francia, sino también a la sociedad en general hasta sus cimientos. La Revolución francesa provocaría un enorme derramamiento de sangre, ya que reyes, reinas y ciudadanos de a pie fueron pisoteados por el fervor revolucionario.

Pero aun así, la Revolución francesa, a pesar de la violencia que provocó, también consagró algunos de los aspectos más perdurables del derecho moderno, como la libertad de prensa y los derechos individuales que hoy muchos en el mundo occidental dan por sentados. Aun así, los redactores de estas leyes no siempre disfrutarían de ellas. La Revolución acabaría convirtiéndose en una dictadura bajo Napoleón Bonaparte, y este llevaría a gran parte del mundo a la batalla contra él.

Tras el final de las guerras napoleónicas, con la abdicación definitiva de Napoleón en 1815, Francia volvería temporalmente a la monarquía borbónica. Sin embargo, fue solo un breve paréntesis antes de que Napoleón III subiera al trono tras la oleada de revoluciones de 1848. Napoleón III trató de reconstruir el imperio de su tío y, en muchos aspectos, tuvo éxito. Bajo Napoleón III, Francia recuperaría gran parte de su prestigio perdido gracias a sus éxitos militares y a la adquisición de territorios en todo el mundo.

Napoleón III sería derrocado en 1870 por la creciente potencia alemana en forma de Prusia. El derrocamiento de los franceses tendría importantes ramificaciones en forma de la unificación de Italia y Alemania. Los días del Imperio francés en Europa parecían haber terminado, pero su imperio colonial permaneció. No lo perdería hasta que la Segunda Guerra Mundial le arrebatara gran parte de sus posesiones en ultramar.

Tras la Segunda Guerra Mundial, Francia intentó por todos los medios recuperar algunos de sus territorios de ultramar perdidos, especialmente Vietnam y Argelia, pero finalmente tuvo que lavarse las manos. Con la pérdida de sus posesiones imperiales del pasado, Francia empezó a replegarse sobre sí misma y, en última instancia, empezó a mirar hacia la vecindad europea para el futuro.

Fue en esta época, por supuesto, cuando comenzaron los primeros pasos hacia la Unión Europea. Francia siempre estuvo a la vanguardia de esta tarea, primero con el establecimiento de la Comisión Europea y luego con la creación de la eurozona; todo ello contribuyó a forjar lo que hoy llamamos UE.

Francia sigue marcando el camino sean cuales sean los factores en juego o la situación. Francia siempre ha desempeñado un papel único en la región, y su misión sigue evolucionando. Dicho esto, Francia se enfrentó a importantes turbulencias a finales de la década de 2010, con un recrudecimiento de los atentados terroristas destinados a desestabilizar la sociedad francesa.

En primer lugar, se produjo el atentado contra Charlie Hebdo en enero de 2015, para después sufrir los atentados terroristas perpetrados en noviembre en París, en los que murieron más de cien personas. También hubo un atentado con camión bomba en Niza (Francia) en 2016, justo antes de la llegada al poder de Emanuel Macron en 2017. Estos son algunos vientos en contra bastante feroces con los que cualquiera puede lidiar. Aun así, a juzgar por la larga historia de Francia, el país de los francos estará sin duda a la altura del desafío.

Segunda Parte:
La Revolución Francesa

Una Apasionante Guía sobre un Gran Acontecimiento de la Historia Mundial

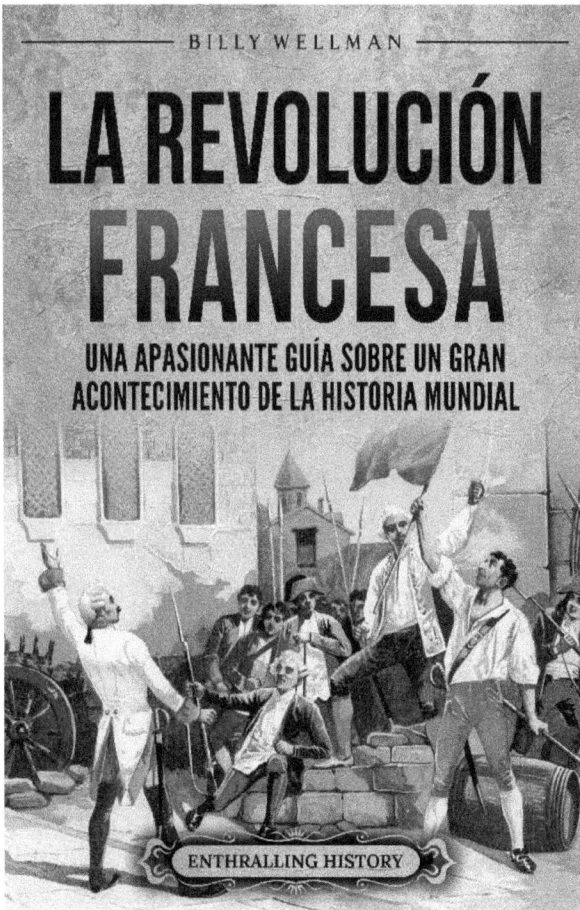

Introducción: La Revolución francesa - ¿Qué Ocurrió?

La Revolución francesa es uno de los momentos más trascendentales de la historia, no sólo por lo que ocurrió en Francia, sino también por cómo afectó al resto del mundo. El trasfondo de lo que estaba ocurriendo en Francia convulsionaría gran parte del mundo conocido.

A medida que los ideales de la Revolución francesa trascendían las fronteras francesas, las naciones de Europa y América comenzaron a absorberlos. Las líneas de las naciones europeas se redefinieron, mientras que potencias coloniales como España y Portugal perdieron el control sobre sus posesiones americanas. América Latina fue quizás la más afectada, ya que un país tras otro declararon su independencia tras la Revolución francesa.

Sin embargo, aún más importante, la Revolución francesa transformó el pensamiento común. Antes de que comenzara la Revolución francesa, los intelectuales franceses solían cuestionar las convenciones sociales, religiosas y políticas de la época.

Tal vez no haya mejor prueba de ello que el efecto de la Revolución francesa en lo que entonces era una práctica centenaria: la Inquisición. La primera Inquisición comenzó a finales del siglo XII, aunque las cosas realmente se aceleraron con la Inquisición española, la cual comenzó en el siglo XV. Los grandes inquisidores eran enviados de ciudad en ciudad para investigar a los acusados de no ser cristianos. En su búsqueda de "la verdad", tenían poder y autoridad para torturar y matar si era necesario.

Tal vez sea un hecho poco conocido, pero justo antes de la Revolución francesa, filósofos franceses como Voltaire desempeñaron un papel clave en la difusión de los abusos e infracciones de la Inquisición. Si bien Voltaire no viviría para ver la Revolución francesa, muchas de sus ideas se pusieron en práctica en aquella época y podrían haber contribuido al fin de la Inquisición, a la que tanto había combatido.

Irónicamente (aunque quizá no tan casualmente), el déspota francés Napoleón Bonaparte puso fin a gran parte de la brutalidad de la Inquisición española. Cuando sus ejércitos conquistaron España, dio órdenes de suprimirla. Las repercusiones de la Revolución francesa son realmente profundas e increíbles de contemplar. En este libro, exploraremos los principales aspectos de la Revolución francesa y su posterior impacto en el mundo en general.

Capítulo 1: Antes de la Revolución

"Cada vez que nombro a alguien para un puesto vacante, hago infelices a cien y desagradecido a uno".

-Rey Luis XIV

Para comprender la Revolución francesa, debemos tener en cuenta los acontecimientos previos a su estallido. A lo largo de las décadas que precedieron a la Revolución, la sociedad francesa se había vuelto cada vez más inestable. La Corona francesa había librado, y perdido, una serie de guerras contra Gran Bretaña, la última de las cuales -la guerra de los Siete Años- supuso para Francia la pérdida de considerables territorios en Norteamérica, tales como Quebec.

Esto, supuso una humillación para el orgullo francés y resultó ser también una sangría para la economía francesa. Los franceses tuvieron que pagar los costos acumulados por una guerra fallida y sufrir la pérdida de ingresos de sus antiguas colonias norteamericanas. Mientras tanto, la sociedad francesa se volvía cada vez más desigual. Siempre había habido distintas clases sociales en Francia, pero, a medida que la economía se hundía, la corrupción se apoderaba del país.

Los que disponían de dinero extra podían comprar puestos importantes. Así se llegó a una situación en la que los ricos podían comprar puestos de poder y enseñorearse de los demás. Lo peor de este fenómeno de pago por juego ocurrió en los gremios.

Durante la Edad Media y los primeros años de la Edad Moderna, muchos países europeos contaban con una serie de gremios u oficios a los que se dedicaban determinadas personas. Había gremios de carpinteros para los carpinteros, gremios de constructores navales para los constructores navales, gremios de sastres para los sastres, etcétera, etcétera. Hasta entonces, estos gremios sólo contaban con lo mejor de lo mejor entre sus filas. Pero a medida que la corrupción se fue extendiendo, se hizo posible acceder a un gremio simplemente comprando la entrada.

Uno sólo puede imaginarse el caos que esto creó cuando el hijo de un noble rico, de repente, podía convertirse en carpintero sólo porque quería ser carpintero, no porque tuviera las habilidades necesarias para esa vocación. Por la suma de dinero adecuada, cualquiera podía comprar su entrada en un gremio. Esto provocó la ineficacia del comercio francés, ahogó la libertad de empresa y la creatividad y provocó un descontento generalizado.

Simplemente imagina a alguien hoy en día acercándose a la junta de un hospital y diciendo: "Oye, mi hijo realmente quiere ser médico". El hijo no tiene las aptitudes adecuadas, pero luego de que sus ricos padres entreguen un millón de dólares, éstos mueven los hilos suficientes como para que se le conceda la licencia de cirujano. Debido a este terrible caso de corrupción, ahora tenemos a alguien operando a corazón abierto ¡que ni siquiera sabe utilizar un bisturí!

Este, era precisamente el tipo de corrupción que se había convertido en práctica habitual en los sistemas gremiales de la Francia prerrevolucionaria. Sin embargo, aún peor era la llamada "compraventa de cargos". Los franceses habían desarrollado una larga tradición de venta de cargos y oficinas gubernamentales al mejor postor. Según el historiador Simon Schama, "la compraventa de cargos estaba más profunda y ampliamente arraigada en Francia que en cualquier otra gran potencia de Europa".

Schama, afirma que la práctica tiene sus raíces en las acciones emprendidas por el rey Enrique IV de Francia allá por 1604, cuando la monarquía francesa se embarcó en un plan para vender prestigiosos cargos gubernamentales con el fin de recaudar fondos muy necesarios para el tesoro francés. Este tipo de corrupción -la idea de que se puede comprar el acceso a puestos de poder o a un gremio estimado- acabaría por pudrir el núcleo de cualquier buena sociedad, y eso es precisamente lo que vemos en funcionamiento en la Francia prerrevolucionaria.

A medida que los gremios perdían valor, la única forma en que el gobierno podía evitar el colapso económico total era cancelando deuda mediante rentas vitalicias. Existieron todo tipo de planes respaldados por el gobierno, como las llamadas "rentas perpetuas", "rentas vitalicias" y, en un momento dado, incluso rentas reversibles. No importaba qué truco probaran los ministros de finanzas del rey francés, ya que estaban jugando con fuego. En realidad, sólo estaban retrasando lo que se convertiría en un inevitable colapso financiero.

La monarquía francesa, debido a su extravagancia y mala gestión, había dilapidado durante mucho tiempo los recursos de lo que antaño había sido una próspera presencia francesa en la escena mundial. El rey Luis XIV, también conocido como el Rey Sol, reinó durante setenta y dos años, de 1643 a 1715. Durante su reinado, Francia se convirtió en una gran potencia, pero también sentó un precedente sobre cómo debía vivir un rey. Es cierto que disponía de medios para ello, ya que a principios de su reinado llevó a cabo profundas reformas. Sin embargo, Francia se vio envuelta en varias guerras importantes, y Luis trató de disminuir el poder de los nobles. Con el paso de los años, Luis XIV necesitó más dinero y quiso cobrarles impuestos a los aristócratas para conseguirlo. No fue una medida popular, y los impuestos acabaron siendo ineficaces, ya que los nobles encontraron formas de eludir su pago.

El rey Luis XV debía reforzar la economía de alguna manera, pero sus impuestos a la nobleza tampoco surtieron efecto. Francia se vio envuelta en más guerras. Pero donde Luis XIV ganó sus guerras, Luis XV perdió muchas de las suyas. Francia estaba sumida en el caos incluso antes de que Luis XVI subiera al trono. Si Francia quería triunfar, necesitaba un gobernante fuerte al timón.

El rey Luis XVI no era ese gobernante fuerte. Esto no quiere decir que Luis XVI fuera el peor gobernante de la historia. Si hubiera gobernado en otro momento de la historia, probablemente habría tenido un reinado semiexitoso. Podía tomar decisiones inteligentes, pero no supo hacer que el pueblo siguiera sus reformas. Además, siguió los pasos de su familia, gastando dinero para mantener las apariencias y dedicándose a actividades más frívolas como la caza.

Un gran ejemplo de ello sería su coronación en 1775, cuando se negó a moderar la extravagancia de la ceremonia, incluso luego de que el Interventor General de Francia, Anne Robert Jacques Turgot, le aconsejara que hiciera lo correcto. Justo antes de la coronación de Luis XVI, se habían producido terribles revueltas y disturbios en las calles debido al aumento de los precios. A la luz de estas dificultades, Turgot consideró que no sólo había que minimizar las extravagancias, sino que también sería mejor para el rey celebrar la coronación en París, donde el parisino medio descontento podría verlo, en lugar de celebrar la ceremonia en la lejana y desconectada opulencia de la catedral de Reims.

Según el historiador Simon Schama, el cambio a una reunión más discreta en París probablemente hubiera significado un ahorro de siete millones de libras. El costo de tener que transportar todo, incluidos los hábiles artesanos parisinos, supuso una importante sangría para las finanzas.

Los costosos apartamentos reales, instalados temporalmente en Reims, también suscitaron tremendas críticas, especialmente cuando se supo que la reina se había desvivido por instalar lo que el historiador Schama denomina "inodoros ingleses". En otras palabras, esta temporal pero costosa morada de Reims vino adornada con cañerías, incluida una temprana versión de un retrete funcional. En aquella época, la mayoría de los franceses utilizaban orinales.

Estas cosas no auguraban nada bueno para el nuevo rey, que desde el principio pareció no estar en sintonía con el pueblo francés. Además de costosos, algunos aspectos de la ceremonia rozaron lo absurdo, como cuando se aplicó generosamente aceite sagrado a Luis XVI, que supuestamente pertenecía al primer rey francés (Clodoveo, rey de los Francos).

El rey francés, Luis XVI, apoyaría más tarde la rebelión estadounidense contra la Corona británica, pero no porque estuviera de acuerdo con los principios de los revolucionarios americanos. Nada más lejos de ello. Simplemente apoyó a los colonos porque era una forma de vengarse de sus enemigos, los ingleses, que le habían robado sus colonias en la guerra de los Siete Años. Para los ideólogos franceses, la ironía no podía ser mayor. La idea de que los americanos pudieran alcanzar la libertad que buscaban mientras se esperaba de ellos que sufrieran en silencio bajo su propio rey tiránico, parecía más que absurda.

Por ello, el movimiento para deponer al rey Luis XVI fue en aumento. La discordia era más palpable en París, la capital francesa. Para exacerbar las tensiones, se produjo una gran oleada de emigrantes del campo que acudían a la capital en busca de mejores oportunidades de trabajo.

En un principio, esto parecía suponer una potencial bonanza económica, ya que la llegada de nuevos trabajadores fomentaba la industrialización y la creación de nuevas fábricas. Los puestos de trabajo se cubrieron tan rápidamente que muchos de los que buscaban trabajo tuvieron que ser rechazados, marchándose con las manos vacías. Y cuando no se encontraba trabajo, el aumento de la población de París resultaba ser más una carga que un beneficio. El gobierno francés parecía oscilar entre intentar ayudar a los recién llegados e impedirles el paso. En un último esfuerzo por frenar la constante migración a París, se promulgaron numerosas leyes que restringían la circulación. Sin embargo, era demasiado poco y demasiado tarde, y el rey francés pronto tuvo a sus puertas una gran masa de descontentos que le exigían que hiciera algo para aliviar sus muchas penurias.

Y eran muchos los males de los pobres campesinos franceses. Las condiciones de vida de las clases bajas eran escandalosamente precarias en comparación con las de otros países europeos de la época. Los campesinos franceses vivían normalmente en casas destartaladas que carecían incluso de un suelo en condiciones. En lugar de tarimas de madera, la mayoría de ellas no eran más que chozas sin suelo -paredes y tejado- montadas toscamente sobre la tierra. La dieta de los campesinos no era mucho mejor. Casi nunca comían carne, y sus comidas consistían principalmente en pan y, tal vez, algunas verduras.

Cabe señalar que el pan desempeñó un papel importante en la Revolución francesa en muchos aspectos. A primera vista, la idea de que el pan fuera un factor importante en una revolución puede sonar un poco absurda, pero es cierto. Los franceses, especialmente los campesinos, dependían de un constante suministro de pan para sobrevivir.

Y, a medida que los precios del pan subían y bajaban, también lo hacía la estabilidad del gobierno francés. Hubo innumerables revueltas por el pan antes de la revolución. En enero de 1789, en vísperas de la Revolución francesa, los precios del pan se duplicaron y las peticiones de reformas revolucionarias alcanzaron un punto álgido.

Cuando el rey Luis XVI y su reina, María Antonieta, fueron depuestos, se oyó al pueblo cantar que ya no les faltaría pan porque acababan de capturar a los panaderos. Se oía a las multitudes regocijarse: "¡Traemos de vuelta al panadero y a la mujer del panadero!".

Tales nociones resultaban terriblemente equivocadas y excesivamente simplistas. Si alguien realmente pensaba que tener un rey francés cautivo en sus manos le daría un suministro de pan para toda la vida, pronto aprendería lo terriblemente equivocado que estaba. Los problemas de los campesinos franceses persistieron tras la captura del rey y la reina e incluso luego de su ejecución.

A menudo se dice que María Antonieta dijo "Que coman pastel" cuando sus ministros la molestaban a ella y a su marido por el precio del pan. Sin embargo, se cree que nunca pronunció esas palabras. No obstante, al igual que el resto de los nobles, no estaba al corriente de la situación de la mayoría de la población francesa. Y en los prolegómenos de la Revolución francesa, parecía que todo el mundo tenía sus quejas y críticas, pero muy pocos tenían soluciones reales.

En vísperas de la Revolución francesa, el gobierno francés estaba agobiado por una inmensa deuda. Gran parte de esta deuda, se debía a los costos de guerras anteriores. Tanto la guerra de los Siete Años como el compromiso francés de apoyar a los estadounidenses durante la Guerra Revolucionaria Americana habían acumulado una gran deuda. La mala gestión de las políticas francesas anteriores tampoco ayudó. En cuanto a la responsabilidad fiscal, gran parte del problema residía en la monarquía absoluta. En Inglaterra, a la hora de aplicar políticas monetarias, el Parlamento servía de barrera. Pero en Francia, todo se llevaba a cabo a capricho del monarca. No había restricciones que pudieran frenarlo; en realidad, lo único que podía detenerlo era un golpe de Estado o una revolución.

Como dijo el historiador Simon Schama, "en Francia no existía ninguna institución comparable que pudiera actuar como un perro guardián fiable y tranquilizar así a los futuros depositantes y acreedores del gobierno". Inglaterra contaba con el Parlamento como guardián, pero ¿quién mantendría a raya al rey francés? Este hecho puso a los inversores más que nerviosos a la hora de invertir en Francia.

En cualquier caso, el gobierno francés intentó recuperar parte de su deuda recurriendo a elevados impuestos. Esto creó más descontento en casi todos los niveles de la sociedad francesa. En un momento dado, incluso el clero francés protestó. En 1775, determinaron que sus estipendios anuales no eran suficientes para combatir la inflación y el aumento de los impuestos.

Antes de la Revolución francesa, el gobierno francés estaba corrupto y podrido hasta la médula. Estaba claro que había que hacer algo. El sentimiento de que era necesario un cambio impulsaría la revolución. Y los filósofos franceses llevaban tiempo reclamando este cambio.

El filósofo francés Voltaire estaba a la vanguardia de este impulso. Voltaire fue una figura muy influyente, aunque no vivió para ver cómo se desarrollaba todo. Aunque la revolución tardó otros diez años en estallar,

Voltaire intuía lo que estaba a punto de suceder. Pensando que estaba a punto de llegar una era de democracia, libertad y prosperidad, Voltaire envidiaba a los que vivirían para verlo.

En 1764, Voltaire declaró: "Por todas partes se siembra la semilla de una revolución inevitable que yo no tendré la dicha de presenciar. Felices los jóvenes, ¡porque verán grandes cosas!".

Voltaire murió en 1778, a la edad de ochenta y tres años, unos diez antes del estallido de la Revolución francesa. Si Voltaire hubiera vivido para ver las consecuencias de la Revolución francesa, probablemente se habría arrepentido de sus comentarios.

Como muestra de hasta qué punto se transformaría el pensamiento francés en vísperas de la Revolución, Voltaire, que fue considerado liberal durante su vida, habría sido considerado conservador al estallar la Revolución francesa.

Por ejemplo, Voltaire arremetió contra los abusos de la Iglesia católica, concretamente contra las inquisiciones que tenían lugar en España, Portugal y Roma. Sin embargo, el filósofo no estaba en contra de la religión en sí. Al contrario, él mismo creía en Dios e insistía en que la religión era buena siempre que fuera natural y no impuesta. Esto, sería muy diferente de lo que ocurrió durante la Revolución francesa.

A raíz de la Revolución francesa, la Iglesia fue atacada e incluso amenazada de aniquilación, ya que Maximilien Robespierre y sus compinches intentaron "inventar" una nueva religión que pudieran imponer por la fuerza a todo el Estado francés. Esta locura fue finalmente detenida. Paradójicamente, Napoleón Bonaparte fue quien restauró la hegemonía de la Iglesia católica en Francia.

Voltaire probablemente habría contemplado horrorizado cómo se desarrollaban estos acontecimientos. ¿Y quién sabe? Quizá Voltaire se hubiera visto obligado a visitar la guillotina antes de que todo acabara. No sería de extrañar, teniendo en cuenta la cantidad de gente que de repente fue considerada prescindible debido a los irracionales caprichos de los fervientes revolucionarios.

Voltaire es sólo uno de los pensadores franceses de peso que vienen a la mente cuando se consideran algunas de las inspiraciones detrás de la Revolución francesa. Sin embargo, Voltaire no abogaba por el derrocamiento de la monarquía francesa. En su lugar, aconsejó un enfoque más prudente que transformara el régimen absolutista en una monarquía constitucional.

Voltaire, de joven, había vivido en Gran Bretaña y había asimilado muchas cosas del modo de vida británico. A menudo hablaba de su admiración por la aceptación británica del mérito (por muy limitado que fuera), al tiempo que despreciaba a los nobles franceses que utilizaban el dinero y el nacimiento aristocrático para imponer su voluntad a los demás. Al principio de su carrera, en 1733, Voltaire hizo uso de sus numerosas observaciones y las recopiló en una obra titulada *Cartas Sobre los Ingleses*, en la que elogiaba ciertos aspectos de la sociedad británica al tiempo que arremetía sutilmente contra Francia.

En un pasaje, por ejemplo, habla con bastante elogio de los métodos fiscales británicos, afirmando: "Nadie está exento en este país [Inglaterra] de pagar ciertos impuestos por ser noble o sacerdote".

Los lectores franceses de Voltaire habrían reconocido fácilmente esta afirmación como una crítica indirecta al modo de vida francés. En Francia, se sabía que algunos miembros de la nobleza y del clero estaban exentos de pagar impuestos. Esta y otras obras de Voltaire y sus colegas enfurecieron a la monarquía francesa. Consideraban que los pensadores de la Ilustración como Voltaire no eran más que una amenaza directa a su propia autoridad.

Sin embargo, una corriente subterránea de pensamiento intelectual burbujeó bajo la superficie durante algún tiempo en Francia, una corriente subterránea que haría todo lo posible por influir y movilizar a las descontentas masas francesas. Y las masas eran muchas. Francia, a pesar de todos sus problemas, contaba con una de las mayores poblaciones de Europa.

Se calcula que, previo a la Revolución, Francia tenía una población de unos veintiocho millones de habitantes. Durante este periodo, Gran Bretaña apenas contaba con diez millones de habitantes. Rusia tenía unos treinta millones de habitantes, pero hay que tener en cuenta que su superficie es mucho mayor que la de Francia. La población actual de Francia es aproximadamente el doble de la de entonces, pero la Francia actual también es mucho más capaz de hacer frente a una población mayor que la de finales del siglo XVIII. Además, la población francesa actual está más repartida por todo el país.

La Francia prerrevolucionaria se encontraba escasa de recursos e ingresos, con una gran población en constante crecimiento que se agolpaba en sus ciudades. La intelectualidad francesa puso manos a la obra para solucionar estos problemas. Pero poco sabían aquellos bienintencionados ideólogos revolucionarios de la caja de Pandora que estaban a punto de abrir.

Con este telón de fondo, se convocarían los Estados Generales. Los Estados Generales eran el órgano legislativo de Francia compuesto por representantes de los distintos "estamentos" del país. La opinión pública francesa de la época se dividía en tres grandes categorías. El Primer Estado estaba formado por el clero, el Segundo por la nobleza y el Tercer Estado por la inmensa mayoría de los franceses. El Tercer Estado estaba formado por todos aquellos que no encajaban en las otras dos categorías: campesinos, comerciantes, propietarios de tiendas y herreros, sólo por nombrar algunos.

El 5 de mayo de 1789, los Estados Generales se reunieron para debatir algunos de los problemas más acuciantes a los que se enfrentaba Francia. La convocatoria de los Estados Generales estaba destinada a calmar los nervios, pero lo único que pareció conseguir fue agitar las cosas. El rey Luis XVI inició el debate, dirigiéndose a todos los reunidos e intentando abordar los numerosos problemas a los que se enfrentaba la nación.

Otra figura importante, Jacques Necker, ministro de finanzas, habló ante la multitud de las terribles circunstancias a las que se enfrentaba la economía francesa. Como era de esperar, la solución de Necker, consistente en aumentar los impuestos, no fue bien recibida por los asistentes. Los impuestos ya eran elevados, y era sobre todo el Tercer Estado el que soportaba la carga.

El Tercer Estado estaba molesto por otra razón. En sesiones anteriores de los Estados Generales, cada estamento tenía un voto. El Primer Estado y el Segundo tendían a aliarse, dejando de lado al Tercer Estado, pese a ser el más numeroso. Querían arreglar las cosas para que todos los delegados presentes tuvieran un voto. El rey tenía cosas más importantes en la cabeza (los impuestos), y nunca se llegó a hablar de la representación.

Frustrados por la situación, los miembros del Tercer Estado crearon un nuevo órgano legislativo, que se conocería como Asamblea Nacional. Todo ello sin el consentimiento del rey. El Tercer Estado comenzó a denominarse a sí mismo como los "Comunes", en referencia a su estatus "común". Consideraban que su número era más importante que la influencia o el estatus del clero y la nobleza.

Los representantes reunidos del Tercer Estado se consideraban los verdaderos representantes de la nación, forjando así una verdadera

Asamblea Nacional para representar los intereses franceses. El rey, intentó acabar con lo que consideraba una asamblea ilegal. Incluso clausuró la sala de reuniones donde se había reunido el grupo con la esperanza de que se dispersaran.

Sin embargo, los Comunes se limitaron a trasladar sus deliberaciones a una cancha de tenis local, donde participaron en el llamado "Juramento de la Cancha de Tenis", en el que prometían no marcharse hasta haber forjado con éxito una nueva constitución para su nación. Aunque todavía no se había disparado ningún tiro, este fue el comienzo de lo que se convertiría en una revolución total.

Capítulo 2: La Toma de la Bastilla

"Sacad la verdad de contrabando, hacedla pasar a través de todos los obstáculos que fabriquen sus enemigos; multiplicaos, difundid por todos los medios posibles su mensaje para que triunfe; contrarrestad mediante el celo y la acción cívica la influencia del dinero y las maquinaciones prodigadas en la propagación del engaño. Esa es, en mi opinión, la actividad más útil y el deber más sagrado del patriotismo puro".

-Maximilien Robespierre

Puede que los franceses sigan reconociendo el Día de la Bastilla como una de sus grandes fiestas y distintivo de su larga marcha hacia la libertad, pero la Toma de la Bastilla no fue para nada una bonita imagen. Ocurrió a raíz de que los inquietos campesinos querían armarse contra el gobierno francés.

Antes de que la Bastilla, una gran fortaleza y prisión, fuera tomada por asalto, el rey francés había movilizado tropas contra las revueltas del pan y otras manifestaciones. A continuación, empezó a hacer una limpieza en su propio gobierno. Sus acciones culminaron con el despido de Jacques Necker, ministro de Finanzas, el 11 de julio de 1789.

En muchos sentidos, Necker había contribuido a su propia caída. Se le había encomendado la tarea de arreglar la enorme deuda acumulada por Francia en su esfuerzo por ayudar a la Revolución americana. Algunos trataron de culpar al propio Necker, y hubo quejas de que estaba "amañando los libros".

En un esfuerzo por aclarar cuánto se debía, Necker dio el paso de hacer público el presupuesto nacional, algo inusual en una monarquía absolutista. Normalmente, las finanzas del Estado se mantenían en secreto. El memorándum publicado por Necker fue conocido como el *Compte rendu*. Este informe arrojó nueva luz sobre la situación del gobierno francés, alertando a la opinión pública de todos los terribles detalles de la economía francesa.

A continuación, Necker intentó hacer más equitativa la fiscalidad dividiendo los impuestos de taille y de capitación. El impuesto de capitación era un impuesto de capitación sobre la propiedad, mientras que el impuesto de taille era una forma más directa de tributación dirigida a las clases campesinas de Francia. Aunque no era inaudito que los más pudientes pagaran la taille, el clero y la nobleza solían librarse de ella alegando estar exentos de impuestos. Esto generó un odio cada vez mayor hacia el impuesto taille, que llegó a ser visto esencialmente como un "impuesto de pobres" aplicado a las clases más bajas de Francia.

Aunque la propuesta de Necker de reformar la taille gozó de popularidad entre muchos de los franceses más pobres, provocó el rechazo de las élites, que normalmente habrían sido los mecenas más importantes y poderosos de Necker.

En cuanto la gente supo que Necker había sido destituido, una oleada de pánico recorrió a los inversores. En sus mentes, la destitución del ministro de Finanzas parecía indicar que todo el país estaba a punto de entrar en bancarrota. Las élites francesas empezaron a dar la voz de alarma.

Ahora, pobres y ricos estaban descontentos. Inmediatamente después de la destitución de Necker, que tuvo lugar el 11 de julio de 1789, París se convirtió en la zona cero de una revolución.

Se produjo una extraña dicotomía, ya que la Asamblea Nacional de Francia -un órgano representativo especial establecido en las primeras etapas de la Revolución francesa- trató de instar a la calma, mientras que multitudes cada vez más alteradas comenzaron a reunirse en la capital. La Asamblea Nacional, había firmado el Juramento de la Cancha de Tenis en desafío directo al rey de Francia, que les había ordenado disolverse. Con este acto de desafío, la Asamblea Nacional demostró que la monarquía francesa estaba perdiendo el control de esta situación que se desarrollaba rápidamente.

No hay nada peor para un país que tener una turba de desempleados, hambrientos y agitados vagando por las calles, pero eso era exactamente lo que París, Francia, parecía en ese momento. Y una vez que la gente se enteró de la destitución del ministro de Finanzas, se pusieron en acción. Creyendo que sin ministro de Finanzas no había control de las finanzas, las turbas irrumpieron en los peajes y otras instituciones de recaudación de impuestos, tratando de recuperar el dinero que sentían que les habían quitado.

Las tropas del rey podrían haber disparado contra la multitud, ya que estaba claro que estaban infringiendo la ley. Pero, como ocurre en cualquier desintegración social, se llegó a un punto de inflexión. Las tropas, en lugar de disparar contra los agitados manifestantes, se encogieron de hombros, dieron la espalda y miraron hacia otro lado.

Al perder los soldados franceses la voluntad de reprimir a sus airados compatriotas, abrieron la puerta a todo tipo de caos y anarquía. Aunque los soldados franceses no estaban dispuestos a descargar sus armas para proteger el orden social, la chusma de las calles estaba más que dispuesta a hacerse con las armas para alterarlo.

El 13 de julio de 1789, una gran multitud se reunió en el ayuntamiento principal de París y pidió abiertamente armas. Insistían en que necesitaban esas armas para "proteger la ciudad", ya que los soldados franceses habían demostrado no estar dispuestos a hacerlo. Al principio se les negó, pero pronto los administradores empezaron a ceder. Se acordó entonces que los electores de París, que actuaban como representantes, pudieran establecer una milicia popular.

Los electores fueron convocados inicialmente para elegir a los diputados que representarían al Tercer Estado de París, pero en el drama que se había desatado, se convirtieron en una especie de comité revolucionario que hacía peticiones en nombre de los manifestantes. A instancias de los electores, se distribuyó al pueblo una partida de fusiles y municiones, pero pronto se consideró que el esfuerzo no valía la pena.

Los manifestantes querían más y sabían dónde conseguirlo: en la Bastilla. La Bastilla era una fortaleza que albergaba prisioneros, armas y municiones. Los franceses sabían que si podían acceder a la armería de la Bastilla, estarían bien armados. Los electores que lideraban las protestas decidieron finalmente atacar la Bastilla al día siguiente, el 14 de julio.

Aunque los manifestantes eran numerosos, el asalto a la Bastilla no sería tarea fácil. La Bastilla se alzaba entre gruesos muros y estaba rodeada por un foso. Al principio, los líderes de la muchedumbre intentaron un enfoque algo diplomático. Se apostaron a las puertas de la Bastilla e intentaron negociar con Bernard-René Jourdan de Launay, gobernador de la Bastilla. Le pidieron armas. En medio de estas conversaciones, alguien - no está del todo claro quién- abrió fuego. Esto, llevó a que toda la guardia armada de la Bastilla abriera fuego contra los manifestantes. Cientos de personas murieron, pero la turba siguió avanzando hasta que la Bastilla se vio desbordada.

Con tantos compañeros muertos, la rabia de los manifestantes era incontrolable. Justo antes de que los manifestantes estuvieran a punto de derribar las puertas, el gobernador de Launay aceptó rendirse con la promesa de que él y los que estaban con él serían perdonados. Sin embargo, cuando la Bastilla se rindió, todas las promesas fueron olvidadas.

De Launay fue sacado a la calle y maltratado. La multitud lo golpeó y lo escupió. Los líderes revolucionarios aún estaban pensando qué hacer con él cuando Launay, cansado de la miseria a la que estaba siendo sometido, gritó que debían matarlo. Según el historiador Simon Schama, gritó: "¡Dejadme morir!".

Al parecer, Launay quiso provocar su muerte pateando en la ingle a uno de los hombres más cercanos a él, cuyo nombre nos ha llegado como Desnot. Tras este arrebato, varios hombres se abalanzaron sobre él y lo despedazaron con espadas, puñales y todo lo que tenían a mano.

Su cuerpo fue descuartizado y su cabeza, decapitada, fue colocada sobre una pica y lanzada victoriosamente al aire por la multitud sedienta de sangre. Fue un episodio totalmente terrible y, en muchos sentidos, un presagio del resto del horror que se avecinaba.

Junto con el deseo de adquirir armas, la turba se había inspirado para asaltar la Bastilla en los rumores de que estaba llena hasta los topes de prisioneros que se habían atrevido a hablar mal del régimen. En realidad, se dice que la Bastilla sólo albergaba a siete prisioneros en ese momento, y ninguno de ellos estaba detenido por sus opiniones políticas. La noticia de lo ocurrido se difundió con relativa rapidez y pronto surgieron manifestaciones similares por toda Francia.

Uno de los elementos más interesantes de esta primera etapa de la revolución fue el destacado papel que desempeñaron las mujeres. Si bien es cierto que las mujeres estaban generalmente excluidas de los círculos internos del pensamiento revolucionario, que forjaron nuevas leyes civiles y una constitución, las manifestantes desempeñaron un papel muy importante y fueron bastante visibles en las calles de Francia. En el otoño de 1789, esto se hizo evidente cuando unas siete mil mujeres marcharon hacia Versalles, la sede del gobierno francés, donde residía el rey.

El 5 de octubre de 1789, una turba enfurecida compuesta principalmente por mujeres reaccionó a los altos precios del pan marchando por las calles de París al grito de *"¿Cuándo tendremos pan?"*. Este era el título de un panfleto de protesta que habían repartido unos enardecidos intelectuales.

Como dice el escritor e historiador Simon Schama en su innovador texto *Ciudadanos: Crónica de la Revolución Francesa*, "el día 5, a primera hora, sonó la campana de la iglesia de Sainte-Marguerite y, encabezada por una mujer que tocaba el tambor, se formó una marcha en la que la multitud gritaba el título del último panfleto, *¿Cuándo tendremos pan?* A medida que avanzaban, reclutaron a mujeres de otros barrios, muchas de ellas portando garrotes, palos y cuchillos. Al llegar al Hôtel de Ville, la muchedumbre era de seis o siete mil personas".

Uno sólo puede imaginarse esta extraña escena de miles de mujeres marchando con cuchillos, garrotes y, en algunos casos, palos, gritando y vociferando que necesitaban pan mientras proferían insultos a su monarca francesa menos favorita, la reina María Antonieta.

Pero, ¿por qué María Antonieta era tan vilipendiada por el pueblo francés? Esto requiere una explicación. Al principio, el desprecio hacia María Antonieta era bastante superficial. Desde el comienzo de su vida pública como reina, a muchos les molestaba el hecho de que no fuera francesa. Aunque suene a estrechez de miras, la opinión pública francesa no veía con buenos ojos que Luis XVI se hubiera casado con una austriaca.

La prensa francesa amplificó enormemente este desdén general mediante una serie constante de pullas y ataques a su carácter. Todas estas habladurías negativas culminaron cuando la reina fue falsamente acusada de tomar un collar inmensamente caro y no pagarlo, defraudando así a los joyeros de la Corona. Esta acusación corrió como la pólvora en las fábricas de chismes de Francia, y todos los que ya sentían antipatía por la reina utilizaron este chisme para validar sus propios prejuicios.

Las acusaciones eran falsas, y más tarde se descubrió que la firma de la reina había sido falsificada, haciendo parecer que había aceptado comprar el collar cuando no era así. Sin embargo, la reputación de María Antonieta ya estaba arruinada, y sería el blanco de las bromas y el odio del pueblo hasta que perdió la cabeza en la guillotina.

Equivocadas o no, cuando la multitud de manifestantes llegó al Hôtel de Ville, sus reivindicaciones habían aumentado considerablemente. Además de quejarse del precio del pan, exigían la disolución inmediata de los guardaespaldas reales, protectores del rey y la reina. Podría parecer una demanda extraña, pero los guardaespaldas reales habían agredido a la multitud en ocasiones anteriores.

La multitud también exigió armas propias. Y no tardaron en conseguirlas, ya que irrumpieron en el ayuntamiento y asediaron un arsenal de armas. A estas alturas, a la marcha de mujeres se había sumado un gran contingente de hombres. Y este grupo armado de manifestantes marchó a continuación hacia el Palacio de Versalles.

El Marqués de Lafayette intentó poner orden en este caos. Lafayette es un personaje intrigante por derecho propio, y sería negligente no hablar de él con más detalle. Nació en el seno de una acaudalada familia francesa y se hizo oficial cuando aún era un joven adolescente. Al estallar la Guerra de la Independencia, en 1775, decidió dirigirse a las colonias americanas y ofrecerle sus servicios a los estadounidenses.

Sus esfuerzos se vieron recompensados y acabó ascendiendo al rango de general cuando sólo tenía diecinueve años. Tras su regreso a Francia, en 1789, consiguió ser elegido miembro de los Estados Generales. Lafayette era una figura muy conocida y respetada, y se esperaba que pudiera frenar de algún modo la oleada de rebelión y devolver cierta sensación de normalidad.

Sin embargo, pronto se alarmó al ver que muchas de sus tropas se unían a la turba enloquecida de manifestantes. Lafayette sabía que no podía impedir la marcha. Así pues, tomó la decisión de conducir a sus tropas junto a la multitud en su marcha hacia el Palacio de Versalles. Según Schama, esto se hizo "para asegurarse de que sus soldados actuaban a favor, y no en contra, de la seguridad de la casa real".

Dado que Lafayette no podía detener la marcha directamente, colocó a sus reticentes hombres como pastores de los manifestantes, con la esperanza de que al menos controlaran los daños lo suficiente como para evitar un desastre total en Versalles. También se aseguró de que el palacio fuera avisado con antelación de la turba que se dirigía hacia él, enviando un mensajero a caballo rápido para informarle a las autoridades de lo que estaba ocurriendo.

El rey Luis XVI se encontraba de caza cuando fue informado de la inminente llegada de la turba. Se apresuró a regresar al palacio y comenzó a prepararse para la batalla. La muchedumbre avanzaba a toda velocidad y, en un momento dado, estuvo a punto de alcanzar los aposentos personales de María Antonieta.

Un soldado, a propósito o por accidente, había dejado una puerta abierta. Los manifestantes se abalanzaron sobre ella para acceder al palacio. Se oye a la muchedumbre gritar todo tipo de insultos contra la reina. Algunos, llegaron a gritar que habría que "cortarle la cabeza" e incluso "hacerle un fricasé en el hígado". Pese a verse totalmente desbordados, los guardias de palacio trataron de repelerlos.

Un guardia, cuyo nombre ha llegado hasta nosotros como Monsieur des Huttes, estaba apostado justo fuera de la cámara de la reina. Disparó a la multitud con la esperanza de dispersarla. El disparo alcanzó a uno de los manifestantes. Sin embargo, el disparo no hizo que los manifestantes se detuvieran. Por el contrario, desató la furia entre la multitud, que se abalanzó sobre el guardia y lo capturó. Supuestamente lo mataron en el acto.

Otro guardia, llamado Mimondre de Sainte-Marie, intentó calmar a la multitud. Cuando se dio cuenta de que no lo conseguiría, empezó a gritar detrás de las puertas enrejadas que custodiaba. Gritó a pleno pulmón: "¡La vida de la Reina está en peligro!". Gritó esta fatídica advertencia hasta que la turba lo alcanzó y lo silenció acabando con su vida.

Sin embargo, antes de que este hombre muriera, sus palabras fueron oídas por quienes estaban dentro, y se tomaron medidas evasivas. La advertencia llevó a María Antonieta a huir de sus aposentos, gritando a todo el que pudiera oírla que la ayudara a salir. Fue conducida por un pasadizo secreto a la habitación del rey. Sin ningún otro sitio adónde ir, golpeó la puerta con desesperación.

Tardaron varios minutos, pero finalmente se abrió. La reina se reunió con su marido, su hijo y su hija, que estaban escondidos dentro con sus criados. La cabeza del valiente guardia que advirtió a la reina de la amenaza a la que se enfrentaba fue colocada en la punta de una larga pica. La cabeza fue paseada por los jardines del palacio como una especie de macabro trofeo.

Para entonces, Lafayette había llegado a los aposentos del rey y pudo hacer balance de la situación. Lafayette estaba flanqueado por miembros de la guardia nacional, que ya habían mostrado su complicidad. Se dirigió a estos hombres y pudo convencerlos de que no era tan malo como las turbas de París habían dejado entrever.

En la prensa francesa se culpaba al rey de todos los males que aquejaban al ciudadano de a pie. Y no sólo se le culpaba, sino que se inventaban elaboradas teorías conspirativas para hacer creer que el rey le causaba daño intencionadamente a la población. Tras una mala cosecha en 1789, circuló un rumor conocido como el "Pacto del Hambre", que declaraba que el rey y sus secuaces estaban orquestando una hambruna artificial para destruir deliberadamente al campesinado francés.

Por absurdas que pudieran parecer estas teorías conspirativas, muchos franceses las creían ciertas. Y en cuanto uno se tragaba esas creencias, ya no se trataba sólo de un monarca que podía haber tomado algunas malas decisiones. En lugar de eso, a muchos se les hizo creer que el rey era una especie de tirano demoníaco empeñado en su propia destrucción.

Sin embargo, por increíble que parezca, los esfuerzos de Lafayette por convencer a la multitud tuvieron algún éxito, y los hombres que antes tenían problemas para decidir su lealtad de repente declararon su inquebrantable apoyo al rey de Francia. Sintiéndose más seguro, el rey decidió entonces salir al balcón para dirigirse él mismo a la multitud. Increíblemente, después de todas las amenazas, insultos y muertes de la guardia imperial, la multitud se mostró receptiva con el rey e incluso le dedicó una entusiasta salva de vítores y aplausos.

Puede que te sorprenda ver el repentino cambio en la forma en que la gente veía al rey. Bueno, la vara está muy baja cuando alguien es visto como un monstruo. Si alguien ha sido completamente deshumanizado y descrito como un horrible monstruo, no hace falta mucho para sorprender a sus críticos. Una sonrisa y un gesto con la mano pueden ser suficientes para disipar los rumores de que uno es un infernal sabueso con colmillos y garras.

Una vez que el rey captó su atención, les prometió a sus súbditos que haría todo lo posible por poner fin a la crisis del pan y satisfacer todas sus demás preocupaciones y demandas. El rey se había visto acorralado e intentaba utilizar lo que le quedaba de poder para infundir fe en su pueblo. Y en ese momento, lo consiguió.

Pero su victoria tuvo un precio. La multitud reclamó que la familia real se trasladara a la capital francesa. El rey, acosado y hostigado, no tuvo más remedio que obedecer y accedió a abandonar la seguridad de su palacio de Versalles para trasladarse a París. El rey y su familia marcharon a la capital francesa seguidos de cerca por una multitud de manifestantes.

Algunos de los manifestantes llevaban cabezas en picas, que agitaban alegremente en el aire, pero la mayoría simplemente tenía su codiciado pan empalado en las picas. Sí, la enfervorizada multitud, algunos con el pan literalmente empalado en picas, se regocijaba en su triunfo. Considerando que habían acorralado y acobardado a la familia real para que se sometiera a sus exigencias, se los oyó cantar alegremente que ahora tenían en su poder "al panadero, a la mujer del panadero y al muchacho del panadero".

Sin embargo, tener al rey Luis, a María Antonieta y a sus hijos no resolvería todos sus problemas. Aún así, esta muchedumbre despiadada sintió que había logrado una gran hazaña. Parecían pensar que nunca volverían a quedarse sin pan porque tenían en su poder a los supuestos productores de su sustento. Pronto aprenderían lo equivocados que estaban.

Capítulo 3: La Marcha hacia una Monarquía Constitucional

"La idea más extravagante que puede nacer en la cabeza de un pensador político es creer que basta con entrar, armas en mano, entre un pueblo extranjero y esperar que se acojan sus leyes y su constitución. Nadie ama a los misioneros armados; la primera lección de la naturaleza y de la prudencia es rechazarlos como enemigos".

-Maximilien Robespierre

El siguiente gran paso en el camino hacia la revolución fue el desmantelamiento del Antiguo Régimen. En primer lugar, se abordó la noción de que Francia se basaba en la anticuada práctica del feudalismo. La Asamblea Nacional se reunió a principios de agosto para debatir medidas de reforma. En última instancia, la asamblea decidió suprimir todas las formas de servidumbre, los derechos feudales y los privilegios y exenciones fiscales de las élites. Sin embargo, cabe señalar que la Asamblea Nacional no agitaba una varita mágica para deshacerse de todas las deudas que ya se tenían. La intención era que la gente siguiera pagando hasta que estas reformas surtieran efecto.

Esta situación sería similar a la de un candidato presidencial en Estados Unidos que promete hacer algo justo antes de las elecciones para ganar votos. Muchos votantes podrían llegar a la conclusión de que votando a este candidato se cumpliría tal promesa a pesar de que ésta tardaría en entrar en vigor, si es que alguna vez lo hiciera.

En Francia se produjo una situación similar. Los ciudadanos franceses estaban eufóricos ante la perspectiva de una reducción de la deuda, pero no entendían el proceso que ello implicaba. Y debido a este grave malentendido, muchos se negaron a pagar antes incluso de que las reformas entraran en vigor. Esto hizo que la crisis financiera en Francia fuera mucho más grave, ya que se suspendieron prácticamente todos los pagos. El gobierno francés no tardó en declararse en quiebra.

Sin embargo, una vez que el genio había salido de la botella, no había forma de volver a meterlo en ella. Los campesinos estaban armados, los impuestos habían sido suprimidos y el antiguo orden social había sido eliminado. La Revolución francesa había comenzado. Pero ahora que la reforma revolucionaria estaba cerca, ¿qué era lo siguiente? ¿Cuáles serían los principios rectores de la revolución? Para determinarlos, los revolucionarios franceses recurrieron a destacados intelectuales galos para elaborar una declaración de derechos.

Todo el mundo había visto el asombroso éxito de la Declaración de Independencia de los Estados Unidos. Los franceses intentaron superar a los estadounidenses con su Declaración de los Derechos del Hombre y del Ciudadano, que se hizo oficial el 26 de agosto de 1789.

Aunque la Declaración de los Derechos del Hombre y del Ciudadano es considerada a menudo como el momento decisivo de la Revolución francesa, sólo pretendía ser un texto provisional hasta que se pudiera dar forma a una constitución más definitiva. La declaración afirmaba que los hombres tenían derechos naturales, incluido el derecho a la vida, la libertad y la propiedad. Los derechos declarados en el documento influirían en la Constitución francesa, que fue creada un par de años más tarde, en 1791. Habría otra constitución revisada en 1793.

Muchos no lo saben, pero uno de los padres fundadores de Estados Unidos, Thomas Jefferson, estaba entre bastidores cuando la Declaración de los Derechos del Hombre y del Ciudadano fue redactada. Jefferson ejercía entonces de ministro de Asuntos Exteriores en nombre de Estados Unidos. Participó en la revisión de los borradores y también estuvo detrás de la sugerencia de prever una disposición especial que permitiera a las futuras convenciones constitucionales introducir enmiendas en caso necesario. Ostensiblemente, se estaban sentando las bases para que Francia fuera una monarquía constitucional con el rey Luis XVI a la cabeza.

Sin embargo, paradójicamente, la búsqueda de una monarquía constitucional en Francia acabaría con la decapitación del monarca francés. Es una forma bastante brusca de resumirlo, pero totalmente adecuada para lo que ocurrió en Francia entre 1789 y 1792. El primer paso real, en lo que se refiere al desmantelamiento del antiguo orden del Antiguo Régimen, fue la abolición del feudalismo, que tuvo lugar el 4 de agosto de 1789.

A continuación, el 11 de agosto, los revolucionarios decidieron suprimir los diezmos regulares exigidos por la Iglesia católica. En lugar de que los feligreses dieran diezmos a la iglesia, los revolucionarios decidieron que sería mejor que la iglesia recibiera toda la financiación del Estado. Pero esto no ocurrió porque los revolucionarios quisieran salvaguardar las finanzas de la Iglesia, sino porque querían tener el control total de la Iglesia.

Si el Estado controlaba las finanzas de la Iglesia, básicamente controlaría a la propia Iglesia. La lógica es bastante simple. Pero lo que los ideólogos subestimaron fue el ferviente apoyo de la mayoría de los franceses a la Iglesia católica, sus instituciones y sus tradiciones. Incluso si decidían arbitrariamente cambiar la forma de hacer las cosas, eso no significaba que todos los demás seguirían automáticamente su ejemplo.

Podían pensar que los curas y monjas que llenaban las abadías no eran más que *faineants* (en francés, "inútiles"), pero eso no significaba que el resto de la población estuviera de acuerdo con ellos. Aun así, los ideólogos intentaron tentar a la suerte y llevar aún más lejos su opresión de la Iglesia. El 2 de noviembre de 1789, la Asamblea Nacional se pronunció a favor de confiscar los bienes eclesiásticos y redistribuirlos a su antojo.

A pesar de que el comunismo aún no era ni un destello en los ojos de Karl Marx (teniendo en cuenta que ni siquiera había nacido), los franceses volvían a caer en lo que se conocería como principios de estilo comunista. Sin embargo, lo peor estaba por llegar cuando, el 12 de julio de 1790, la Asamblea Nacional promulgó la Constitución Civil del Clero, en la que se pretendía fusionar para siempre las funciones de la Iglesia con el derecho civil.

Esta medida distaba mucho de la separación entre Iglesia y Estado que se había establecido en Estados Unidos. En su lugar, los radicales franceses pretendían hacer de la Iglesia un brazo independiente del Estado. No eran especialmente religiosos. Sólo deseaban adaptar la Iglesia a sus propios fines.

Se presionó a los miembros del clero para que se convirtieran en portavoces de la revolución. En noviembre de 1790, la Asamblea Nacional dejó claro a todo el clero que si no hacían un juramento oficial de sumisión al gobierno, serían despedidos. Sólo una cuarta parte de los sacerdotes acató la orden. Los de las zonas más católicas de Francia, como Normandía, Bretaña y la Vendée, fueron los más firmes en su resistencia. La Iglesia católica ejercía una gran influencia sobre la población de estas regiones, y en ellas se produjo un considerable rechazo a la Revolución francesa. La reacción del Estado francés ante esta resistencia fue reprimir a los rebeldes. Los sacerdotes considerados rebeldes y contrarios fueron castigados, exiliados o incluso ejecutados.

Fue en este contexto de agitación cuando el club político de radicales conocido como los jacobinos se hizo prominente. Los Jacobinos no eran más que uno de los muchos clubes políticos que habían aparecido en escena. Surgieron de una asamblea del Tercer Estado.

Como ya se ha dicho, Francia estaba dividida en tres estamentos. El Primer Estado estaba formado por la nobleza. El Segundo Estado estaba formado por el clero. Y el Tercer Estado estaba formado por el grueso del país, desde los más pobres entre los pobres hasta los más prósperos, los comerciantes no nobles y los artesanos calificados.

Un ideólogo revolucionario francés, llamado Abbé Sieyès, sacó el máximo partido de esta situación. Sabía que el Tercer Estado soportaba gran parte de la carga nacional y que el pueblo estaba molesto. Su panfleto político titulado "¿Qué es necesario para que una nación prospere?" señalaba que el Tercer Estado no era sólo una clase separada de la sociedad francesa, sino también la gran mayoría del pueblo y, esencialmente, la "nación misma".

Argumentaba que, puesto que la verdadera sangre de la nación estaba en el Tercer Estado, que era el que más trabajaba y se esforzaba, los otros dos estamentos no eran más que parásitos que exprimían al Tercer Estado hasta dejarlo seco. Esta caricatura de la sociedad francesa se retrataba mediante diversas ilustraciones de un miembro pobre y decrépito del Tercer Estado con un miembro del clero y otro de la nobleza a sus espaldas.

Este mensaje simplista, según el cual el Tercer Estado se veía obligado a soportar toda la carga de los problemas de Francia, caló hondo en las masas y se convirtió en un tema perdurable a lo largo de toda la

Revolución francesa.

Sieyès también sostenía que, puesto que el Tercer Estado representaba a la nación, los que no pertenecían a él no eran dignos de la ciudadanía francesa. No eran más que corruptos, parásitos y derrochadores.

En palabras de Sieyès: "Es imposible decir qué lugar deben ocupar la nobleza y el clero en el orden social. Esto equivale a preguntarse qué lugar debe asignarse a una enfermedad maligna que depreda y tortura el cuerpo de un enfermo".

Los clubes políticos -especialmente los jacobinos- sacaron mucho provecho de estas críticas mordaces a la sociedad francesa. Los jacobinos se nutrían de este tipo de retórica y trataban de explotarla al máximo. Se reunían con frecuencia en un convento dominico del mismo nombre; de ahí que se les conociera coloquialmente como los Jacobinos o el Club Jacobino.

En agosto de 1790, cuando las primeras reformas de la Revolución francesa se estaban afianzando, los jacobinos de París contaban con unos 1.200 miembros. Los jacobinos se reunían regularmente en un edificio que antes era una iglesia -el ya mencionado convento dominico-, en la calle Saint-Honoré. Resulta irónico que los jacobinos se reunieran en una iglesia, ya que sus reuniones adoptarían más tarde la forma de una función eclesiástica.

Pero en lugar de declarar las glorias de Dios, los que estaban ante el podio exponían los derechos del hombre. A medida que los franceses minimizaban el papel de su religión cristiana tradicional, buscaban un nuevo consuelo en las filosofías casi religiosas de clubes políticos como los Jacobinos. Como veremos, los intelectuales franceses utilizarían estos movimientos filosóficos como sustituto de la religión y otras tradiciones del Antiguo Régimen.

El historiador Simon Schama quizás lo expresó mejor cuando describió los clubes jacobinos como una mezcla "entre una iglesia y una escuela". Es una descripción acertada. Los ideólogos hacían todo lo posible por exponer y enseñar sus filosofías a los asistentes, y la insistencia en que todos los jacobinos se adhirieran a esos ideales filosóficos llegó a ser tan intensa y extrema que podría decirse que los miembros del Club Jacobino se volvieron religiosos.

Hace tiempo que se ha señalado que los seres humanos parecen haber desarrollado la religión y la filosofía por una razón. En cuanto se desecha una, no tarda en ser sustituida por otra. Lo mismo ocurrió en la Rusia comunista cuando la Iglesia cristiana fue suplantada por una adhesión religiosa al ideal comunista. En general, parece que los seres humanos necesitan algo más grande que ellos mismos en lo que centrarse, ya sea la creencia en un Dios eterno e infinito, el culto al comunismo o la aplicación y adhesión celosas a ideales revolucionarios. Simplemente existe en nosotros un deseo innato de seguir algo.

Estos clubes políticos fueron los primeros esfuerzos rudimentarios para ofrecer a la mente y al alma francesas algo a lo que pudieran aferrarse en su búsqueda de sentido y autodescubrimiento. Los Jacobinos buscaban algo, pero también había quienes trabajaban bajo las narices del rey de Francia y pensaban que podían reorientar a los Jacobinos para que volvieran a abrazar la monarquía francesa. Y Honoré-Gabriel Riqueti, Conde de Mirabeau (más conocido como Mirabeau), era uno de ellos.

Mirabeau era diputado del Tercer Estado. Representaba a las ciudades de Aix y Marsella. Durante la primera etapa de la Revolución francesa, se convirtió en una figura clave del gobierno francés.

Mirabeau es una figura complicada. Aunque apoyó el establecimiento de una monarquía constitucional, también insistió en que se mantuvieran las reformas que permitían la libertad de expresión, la libertad de prensa y otras libertades similares. Mirabeau apoyaba las reformas, pero también sabía sabiamente que una vez establecidos estos derechos, no habría forma de hacerlos retroceder. Al mismo tiempo, abogó por el mantenimiento de la monarquía, aunque fuera constitucional.

Mirabeau era una voz de la razón pragmática conocida por la manera bastante dotada que tenía de calmar los nervios de las multitudes agitadas y enfurecidas. En una ocasión, fue capaz de hacer entrar en razón a una multitud de agitados alborotadores en Marsella. Estaban enfadados por los altos precios del pan, pero Mirabeau les recordó lo inútiles que eran sus propias acciones en aquella situación.

Dirigiéndose directamente a la turba enfurecida, razonó: "Pensemos primero en el pan. En la actualidad, queridos amigos, dado que el trigo es caro en todas partes, ¿cómo podría ser barato en Marsella?". Era una afirmación bastante simple, pero devolvió algo de racionalidad a los alborotadores. Todo el país se enfrentaba a precios elevados, así que ¿por qué sentían la necesidad de montar un escándalo por ello? La simple lógica de Mirabeau pareció calar hondo y los alborotadores de Marsella no tardaron en dispersarse.

Mirabeau era un hábil navegante que, a menudo, se movía en dos mundos, con un pie en el palacio real trabajando con el rey y el otro en las calles con la gente común a la que decía defender.

A medida que el tira y afloja entre el rey y los revolucionarios se hacía más y más intenso, Mirabeau sugirió que algunos de los principales jacobinos se convirtieran en miembros del círculo íntimo del rey. En un aparente esfuerzo por invertir el viejo adagio de "Si no puedes con ellos, únete a ellos", Mirabeau estaba sugiriendo básicamente: "Si no puedes con ellos, reclútalos".

Pero no sólo quería quedar bien con los Jacobinos. Era lo suficientemente sabio como para darse cuenta de que una vez que los dirigentes Jacobinos se vieran obligados a abordar los problemas del gobierno francés de primera mano -en otras palabras, intentar encontrar soluciones a los problemas en lugar de quejarse sin cesar de ellos- comprenderían que los problemas a los que se enfrentaban los franceses eran mayores que la monarquía y los clubes políticos. Mirabeau creía que a los Jacobinos les costaría tanto resolverlos como al gobierno francés.

Como sabiamente escribiera Mirabeau: "Se ha prometido al pueblo más de lo que se puede prometer; se le han dado esperanzas que será imposible realizar. En realidad, los gastos del nuevo régimen serán mayores que los del antiguo y, en última instancia, el pueblo juzgará la revolución sólo por este hecho: ¿se necesita más o menos dinero? ¿Están mejor? ¿Tienen más trabajo? ¿Y ese trabajo está mejor pago?".

Al escuchar la predicción de Mirabeau sobre cómo los revolucionarios serían aún peores administradores que los consejeros del rey, casi podemos oír ecos de la sencilla evaluación del ex presidente estadounidense Ronald Reagan: "¿Estás mejor que hace cuatro años?". Por supuesto, Reagan se refería a una administración presidencial anterior, mientras que a los franceses se les planteaba la tarea mucho más formidable de evaluar los restos y las secuelas de su desguace de gran parte de los antiguos protocolos del Antiguo Régimen.

Luego de que los franceses se liberaran de las limitaciones impuestas por la monarquía absoluta, tendrían que hacerse la misma pregunta: ¿estaban mejor? Para muchos, la respuesta sería un claro y rotundo no. En lugar de tener una vida mejor, la Revolución francesa y sus terribles secuelas harían que la vida de muchos fuera mucho peor de lo que nadie podría haber imaginado.

Es cierto que los nobles ideales de la Revolución francesa iniciarían el marco de una sociedad más justa e igualitaria, pero pasaría bastante tiempo antes de que se pusieran realmente en práctica. Irónicamente, el despotismo ilustrado de Napoleón Bonaparte vería algunas aplicaciones a gran escala de las reformas revolucionarias. Por supuesto, también veló por sus propios intereses. Por ejemplo, impuso la esclavitud en las colonias francesas tras su abolición en 1794.

Los Derechos del Hombre y del Ciudadano proclamaban la necesidad de igualdad, libertad de expresión y un gobierno representativo. Y, durante un tiempo, las cosas parecieron prometedoras. Pero al final, casi ninguna de las promesas de la declaración fue cumplida. Toda la noción de libertad de expresión se convertiría en una broma, ya que los franceses no podían ir en contra de los ideales de la Revolución francesa; si lo hacían, podían ser arrestados o incluso perder la cabeza.

Mirabeau era quizás más lúcido que la mayoría, ya que era capaz de comprender estas ramificaciones antes de que se produjeran. Mientras que otros se dejaban llevar por el fervor revolucionario y no veían más allá de sus narices, Mirabeau comprendió sagazmente cuál podría ser el resultado final de todo este tumulto.

El monarca, el rey Luis XVI, poco tendría que ver con estas reformas. De hecho, el rey Luis intentó escapar del país en junio de 1791. Estos esfuerzos fueron en realidad presagiados por un acontecimiento anterior que tuvo lugar el 18 de abril, en el que la pareja fue frustrada cuando intentaba hacer un viaje a St. Cloud. Según el historiador Simon Schama, fue el lunes de Semana Santa cuando la reina y el rey intentaron huir.

Fueron bloqueados por una multitud enfurecida y, una vez más, su propia guardia se volvió contra ellos. Un indignado Luis, que acababa de ceder a numerosas exigencias, declaró su asombro por el hecho de que a él, que acababa de conceder tales libertades al pueblo francés, se le negaran las suyas. El rey estaba prácticamente prisionero y, mientras protestaba, sus propios guardias le proferían insultos. Uno de ellos llegó incluso a llamarlo "cerdo gordo", cuyo apetito agotaba los limitados recursos de Francia.

Al final, el rey y su séquito no tuvieron más remedio que renunciar a su intento de salir de París y regresar a sus cuarteles. Sí, el panadero, su mujer y su hijo (por no hablar de la hija del panadero) eran rehenes de los revolucionarios franceses, que se negaban a entregarlos. Sin embargo, sabiendo que la huida podía ser su única esperanza de salir con vida de aquel calvario, la familia real y su círculo íntimo pasaron los dos meses siguientes planeando meticulosamente su siguiente intento.

Esta vez, partirían en plena noche al amparo de la oscuridad. A los ojos del rey y la reina, parecía que huir sería la única manera de recuperar la libertad y la monarquía. El 20 de junio de 1791, pasada la medianoche, la familia real, totalmente disfrazada, huyó del Hôtel de Ville ante las narices de los inútiles guardias de palacio. Contaban con sus propios destacamentos de tropas reales que los escoltaban por el camino, pero ni siquiera se podía confiar plenamente en ellos. Sin embargo, la realeza no tenía muchas opciones y, en esta atmósfera cargada de intrigas y animosidad, las simpatías de casi todo el mundo eran sospechosas.

Peor aún, a medida que avanzaban en su carruaje, los lugareños comenzaron a reconocer al rey. Aunque iba disfrazado, era difícil no distinguirlo, ya que su rostro aparecía impreso en la moneda francesa. Finalmente, un jefe de correos local llamado Jean-Baptiste Drouet decidió llamar la atención del rey, deteniendo al séquito real en Sainte-Menehould y proclamando en voz alta que los invitados misteriosos no eran otros que los miembros de la realeza que huían.

De hecho, se adelantó al grupo y alertó a las autoridades locales. Fueron retenidos en la residencia del alcalde de la ciudad de Varennes, donde se los hizo esperar su detención y traslado de vuelta a la capital.

Tras la captura del rey y la reina y su regreso a París, la fachada de un monarca absoluto y todopoderoso quedó finalmente desvanecida. Tras conocerse su vergonzoso intento de huir de París en secreto, al pueblo le resultaba difícil confiar en el rey como figura de autoridad. Como dijo el historiador Simon Schama, esta última debacle sólo pareció lograr "la aniquilación de la mística real". El respeto que pudiera quedarle al rey se perdió tras este fallido intento de huida. Finalmente, el rey Luis y su esposa, María Antonieta, fueron arrestados y juzgados como traidores al Estado.

Antes de su caída definitiva, se intentó apuntalarlos. El 15 de julio de 1791, la Asamblea Nacional decidió absolver al rey de toda culpa y seguir adelante con los planes para convertir a Luis en el jefe de una monarquía constitucional. Sin embargo, esta decisión provocó una gran indignación, y pronto una multitud de parisinos salieron en masa a protestar.

El 17 de julio, los manifestantes se reunieron en los terrenos del Campo de Marte, en la zona oeste de París. Se pronunciaron discursos y se firmaron peticiones para denunciar la decisión adoptada. Las manifestaciones no tardaron en desbordarse y se llamó a la Guardia Nacional, encabezada nada menos que por el Marqués de Lafayette. Lafayette también estaba acompañado por el alcalde de París, Jean Sylvain Bailly.

A su llegada, la multitud se volvió contra los guardias. Los manifestantes, cada vez más agitados, gritaban y lanzaban piedras a las tropas. En un momento dado, uno de los guardias disparó su arma. Esta acción hizo que la bola se pusiera en movimiento, y pronto varias de las tropas dispararon contra la multitud.

Se produjo un pandemónium absoluto y los manifestantes se dispersaron. Cuando el humo se disipó, muchos yacían muertos. Se calcula que unos cincuenta manifestantes murieron y muchos más resultaron heridos. Sin embargo, a pesar de la reacción contra esta atrocidad, el impulso hacia el establecimiento de una monarquía constitucional siguió adelante según lo previsto. Y la Primera Constitución francesa sería presentada el 3 de septiembre de 1791.

Esto es significativo porque fue el primer esfuerzo realizado por el gobierno revolucionario, bajo los auspicios de la Asamblea Legislativa, para finalizar por escrito el nuevo marco propuesto para la sociedad francesa. Esta constitución estaba fuertemente influenciada por la Ilustración Europea y la Revolución americana. Sin embargo, muchas de las nociones que contenía ya parecían algo desfasadas con respecto al rápido ritmo de los acontecimientos que se estaban produciendo en todo el territorio.

El rey se vio acorralado y obligado a ceder a prácticamente todas las demandas. Incluso se le cambió el título oficial. Según este documento, pasó de ser "Rey de Francia" a ser simplemente "Rey de los Franceses". Para el observador casual, esto podría no parecer una gran diferencia. Pero marcó toda la diferencia del mundo.

Cuando Luis era el "Rey de Francia", era el monarca absoluto cuyo gobierno era incuestionable. Pero como "Rey de los Franceses", sólo había sido nombrado rey por la gracia del pueblo francés, que le permitió ser rey, no para enseñorearse de ellos como un derecho divino, sino para salvaguardar los intereses y la voluntad del pueblo.

Hasta entonces, la agitación de Francia se había mantenido dentro de sus fronteras, pero pronto se extendería y afectaría al resto del mundo. El 17 de enero de 1792, el Emperador de Austria -y hermano de María Antonieta- Leopoldo II le exigió a los franceses que abandonaran el territorio que habían tomado en Alsacia y que liberaran a la familia real de su arresto domiciliario. El 7 de febrero se formalizó la alianza entre Austria y Prusia.

Los franceses presentaron contrademandas, pidiendo a los austriacos que no interfirieran en los asuntos franceses y respetaran el anterior Tratado de Versalles de 1756. El Tratado de Versalles había convertido a franceses y austriacos en aliados, pero este tratado había sido firmado en épocas diferentes. No obstante, los revolucionarios franceses lanzaron un ultimátum para que Leopoldo II cumpliera este tratado, dándole de plazo hasta el 1 de marzo para confirmar su compromiso de hacerlo.

En una de las extrañas ironías de la historia, Leopoldo II falleció repentinamente el 1 de marzo, justo antes de que expirara el plazo. Lo sucedió su hijo Francisco. Francisco no cumplió el plazo impuesto por los franceses, al igual que su padre. Se interpretó que su silencio sugería su propia intención de guerra.

En abril de 1792, las fuerzas armadas de Francia fueron enviadas a enfrentarse a las fuerzas de Prusia y Austria bajo la premisa de que se estaba creando algún tipo de alianza contrarrevolucionaria para acabar con la revolución. El 20 de abril se declaró oficialmente la guerra a Austria, lo que llevó a Prusia, aliada de Austria, a declararle la guerra a Francia en junio. Este grupo fue conocido como la Primera Coalición.

Las cosas llegarían a un punto crítico en julio de 1792, cuando el duque de Brunswick se unió a los austriacos y dirigió una fuerza prusiana para invadir territorio francés. Esto conduciría a la toma de la ciudad francesa de Verdún el 2 de septiembre. Al año siguiente, se producirían acontecimientos aún más chocantes para Francia. El 21 de enero de 1793, el rey Luis XVI era ejecutado en la guillotina.

Capítulo 4: La Ejecución de Luis XVI y la Primera República

"Tened cuidado de no dejaros llevar por una falsa piedad. Vuestros enemigos no os perdonarán, si se salen con la suya. Nadie aborrece más que yo el derramamiento de sangre, pero si no queréis un verdadero mar de sangre, vosotros mismos debéis extraer algunas gotas. Para conciliar el bienestar público con las necesidades de la humanidad, os propongo que diezméis a los contrarrevolucionarios de la Comuna, la magistratura, los departamentos y la Asamblea Nacional".

-Jean-Paul Marat

Tras estallar la guerra con Austria y Prusia, los revolucionarios consideraron a la familia real un lastre, en el mejor de los casos, y unos traidores en potencia, en el peor. Esto se debía en gran parte al hecho de que la reina estaba emparentada con la Corona austriaca, y se creía que si la realeza no estaba en connivencia directa con los enemigos de Francia, estaba incentivando a sus enemigos a atacarlos.

Esto pareció quedar prácticamente demostrado cuando el comandante de las fuerzas austro-prusianas, el duque de Brunswick, lanzó un manifiesto el 25 de julio de 1792, en el que afirmaba inequívocamente que las fuerzas bajo su mando tenían la intención de intervenir en los asuntos de Francia y restaurar, por la fuerza, la legítima autoridad del rey. También llegó a advertir que si el rey y la reina sufrían algún tipo de daño, habría represalias generalizadas.

Aunque esta amenaza pretendía proteger a la realeza, tuvo el efecto contrario. En lugar de tener cuidado de no dañar a sus rehenes, los revolucionarios más radicales lo tomaron como una razón para deshacerse de ellos. El Manifiesto de Brunswick sólo sirvió para confirmar las sospechas de los revolucionarios de que el rey y la reina eran un lastre del que había que deshacerse cuanto antes.

El 9 de agosto, la Asamblea Legislativa empezó a hablar de despachar al monarca encarcelado. Pero aunque el rey no estaba en condiciones de defenderse, deshacerse de él no sería tarea fácil. Todavía había muchos que temían y quizás se tomaban a pecho la advertencia del duque de Brunswick de que las repercusiones de tomar medidas directas contra el rey serían demasiado grandes.

Sin embargo, los más ruidosos logran convencer a la asamblea para que actúe. Tras varias horas de debate, se decidió que Luis sería juzgado. Pero las palabras de los delegados debían ir acompañadas de la fuerza. Así, el 10 de agosto, enviaron a la Guardia Nacional Jacobina, reforzada por la turba de alborotadores, al palacio de las Tullerías, donde el rey estaba custodiado por 950 de sus leales guardias suizos.

Se dice que una vez que la turba estuvo a las puertas de las Tullerías, la reina María Antonieta fue la más decidida a hacer una última resistencia. Se dice que declaró: "Mejor dejarnos clavar en los muros del Palacio que abandonarlo". Pero su marido no estaba de acuerdo. Decidió que, para evitar más derramamiento de sangre, debía dejarse escoltar hasta la asamblea para responder a los cargos que se le imputaban. Mientras el rey era conducido a la asamblea, la turba cargó contra la Guardia Suiza.

La Guardia Suiza se había mantenido fiel a su posición, pero al recibir la orden del rey, regresó a su cuartel. Cuando intentaron retirarse, la multitud enfurecida se acercó y empezó a dispararles literalmente por la espalda.

El rey, la reina y sus hijos fueron encarcelados en una fortaleza llamada el Templo. Esta fortaleza era ya antigua y, al parecer, la utilizaban nada menos que los templarios (de ahí el nombre de "Templo").

Tal vez fuera un mal presagio para quienes se adentraran en sus muros, ya que los templarios habían corrido una terrible suerte cuando el rey francés decidió acabar con ellos y disolver su orden en el siglo XIV. Tras los gruesos muros del Templo, el rey y la reina estaban completamente aislados y apartados del mundo exterior. Se prohibió toda correspondencia, asegurando así que las potencias extranjeras amigas no supieran nada de su situación.

Los sobrevivientes de la Guardia Suiza fueron encarcelados o asesinados en las calles. En septiembre comenzaron los terribles acontecimientos. Luego de que circularan rumores de que los prisioneros conspiraban para unirse a un ejército invasor, estallaron las masacres. Algunos prisioneros fueron asesinados en el acto, mientras que otros fueron sometidos a un tribunal a las puertas de la prisión. Si eran declarados culpables, como la mayoría, salían para ser asesinados por la turba sedienta de sangre que se había reunido fuera.

El 21 de septiembre de 1792, la asamblea se reunió para abolir oficialmente la monarquía y declarar el gobierno una república. Terminaba así la farsa de la monarquía constitucional francesa. Incluso la forma de dirigirse a Luis había cambiado. Ya no era rey, sino Luis Capeto.

Este nombre se remontaba al antepasado de Luis, Hugo Capeto, quien se convirtió en rey en el año 987, iniciando lo que se conocería como la línea de los Capetos. El rey Luis XVI se sintió ofendido por esta abrogación de su título, ya que lo convertía en ciudadano, no en rey. Cuando el alcalde de París, Aubin Bigore du Chambon, se dirigió a él como tal, Luis replicó indignado: "No soy Luis Capeto. Mis antepasados tenían ese nombre, pero a mí nunca me han llamado así".

Mientras tanto, el 20 de septiembre, el frente bélico francés recibió un importante e inesperado espaldarazo cuando las fuerzas francesas obtuvieron una victoria decisiva en la batalla de Valmy. Los franceses, en muchos sentidos, consideraron la batalla de Valmy como su última batalla. Los austriacos ya habían descendido como una avalancha, tomando las ciudades de Longwy y Verdún. Parecía como si estuvieran en una marcha constante hacia el mismo París.

Como tal, los defensores franceses veían Valmy como sus "Termópilas". La batalla fue considerada una victoria obligada para impedir que los austriacos llegaran a la capital francesa. A pesar de las grandes pérdidas francesas, las líneas francesas resistieron y los austriacos fueron rechazados. Esta victoria se convertiría en un importante punto de inflexión en las guerras revolucionarias francesas.

Por cierto, el famoso poeta y dramaturgo alemán Johann Wolfgang von Goethe viajaba con el ejército austro-prusiano y se dio cuenta de lo desmoralizadas que estaban las tropas. Parecía que todos, a todos los niveles, sabían el desastre colosal que iba a ser Valmy. Goethe recordó más tarde que, dado que era conocido como un herrero de la palabra, se le pidió que pusiera palabras a lo sucedido. Goethe no pudo evitar proclamar: "A partir de este lugar y de este momento comienza una nueva era en la historia del mundo, y todos ustedes pueden decir que estuvieron presentes en su nacimiento".

Uno sólo puede imaginar cómo habría sido si los defensores franceses hubieran fracasado. Tal vez los austriacos habrían marchado sobre París. Tal vez la familia real habría sido rescatada por los antiguos compatriotas de María Antonieta. Pero la historia no fue así.

En lugar de cumplir sus amenazas de agresión, Brunswick se vio obligado a ordenar la retirada de las tropas bajo su mando. El destino de la Primera Coalición recibiría otro golpe el 6 de noviembre, cuando perdieron la batalla de Jemappes. Los franceses se hicieron con una buena parte de lo que hasta entonces habían sido los Países Bajos controlados por los austriacos.

Aquel fatídico 20 de septiembre de 1792 fue disuelta la Asamblea Legislativa que hasta entonces gobernaba Francia, y en su lugar se constituyó la Convención Nacional. La Convención Nacional pretendía la completa destitución de la monarquía francesa, lo que se hizo oficialmente el 21 de septiembre. El 22 de septiembre se proclamó la nueva República francesa.

La familia real francesa permaneció en prisión sin ninguna esperanza de rescate en el horizonte (los supuestos salvadores huían en realidad en la otra dirección). El 17 de enero de 1793, el antiguo rey francés, Luis XVI, fue declarado culpable de traición tras un largo juicio y condenado a muerte. Dado que todos los procedimientos judiciales se decidían y ensayaban de antemano, este "juicio" sólo tenía fines demostrativos. Nunca hubo esperanza de que el rey fuera absuelto.

Sin embargo, la sentencia del rey fue ejecutada el 21 de enero de 1793. Luis fue despertado en la oscuridad de la madrugada. Luego de confesarse por última vez con su sacerdote, fue subido a un carruaje y conducido a la guillotina.

Pidió de antemano que le evitaran la indignidad de que le cortaran el pelo, un requisito previo típico de quien está a punto de ser atravesado por una hoja gigante. Pero incluso esta simple petición fue denegada. Después de que le cortaran el pelo y se hicieron los últimos ajustes en la guillotina, el rey depuesto se dirigió por última vez a la multitud.

Mirando fijamente a la inmensa multitud que esperaba ansiosa su muerte, el rey Luis XVI declaró: "Muero inocente de todos los crímenes que se me imputan; perdono a los que han ocasionado mi muerte; y ruego a Dios que la sangre que vais a derramar nunca se derrame sobre Francia". El resto de las palabras del monarca fueron posteriormente ahogadas cuando los tamborileros recibieron la orden de tocar furiosamente una marcha militar.

Los responsables de la ejecución del monarca derrocado no querían, evidentemente, dar al rey ninguna oportunidad de intentar cambiar los corazones y las mentes de la población francesa. Resignado a su destino, se ordenó al rey Luis XVI que se sometiera a la guillotina. Con un rápido tirón de la cuerda y el aún más rápido silbido de una cuchilla que descendía rápidamente, la cabeza del rey fue cortada.

Cuando el rey Luis XVI perdió la cabeza, los jefes de estado del resto de Europa se horrorizaron. No querían que los ideales revolucionarios se extendieran a sus países, especialmente si eso significaba perder su vida en el proceso. Estaban dispuestos a entrar en guerra. La Convención Nacional francesa lo previó y decidió adelantarse a esas potencias extranjeras declarando la guerra a Holanda y Gran Bretaña. Gran Bretaña y los Países Bajos respondieron y pronto se les unieron otros, principalmente España, Portugal, Toscana y Nápoles, que participarían en la guerra de la Primera Coalición.

En el gobierno francés había quienes pensaban que las amenazas externas podían servir para reforzar las facciones internas. La facción política conocida como los Girondinos intentó unificar los sentimientos nacionalistas franceses durante estos llamados a la guerra. Pero en lugar de unir a los franceses en un fervor patriótico, en París se registraron protestas e incluso disturbios cuando se intentó establecer un servicio militar obligatorio.

El grupo radical de revolucionarios franceses conocido como los Jacobinos estaba en gran parte a cargo de la Convención Nacional. Los Jacobinos sentían aún menos amor por las instituciones tradicionales que sus coetáneos. En su afán de transformación radical, llegaron incluso a cambiar el nombre de los meses del año y los días de la semana. También ampliaron la semana a diez días en lugar de siete. Esto se hizo con la esperanza de oscurecer el tradicional domingo cristiano al situarlo en medio de una semana completa de trabajo y ocio.

Sí, los ateos y agnósticos elitistas franceses se habían hecho con el control y, pensando que sabían más que las masas francesas a las que decían defender, trataron de "curarlas" de su superstición religiosa subsumiendo y enterrando por completo sus impulsos por ella. Además de estas absurdas reformas, también iniciaron lo que se conocería como el Reinado del Terror, una época en la que persiguieron brutalmente a todo aquel que consideraban que no estaba de acuerdo con sus planes.

Desde la toma de la Bastilla, los franceses, independientemente de su clase social, se preocupaban por la seguridad. Los tumultos de la Revolución nunca se calmaron, y en cualquier momento podían producirse estallidos espontáneos de furia animal. Así ocurrió en marzo de 1793, cuando una turba de campesinos se sublevó en la Vendée y atacó con saña a la administración local.

Un niño de siete años, Germain Bethuis, testigo presencial de los hechos, relató más tarde lo que había sucedido aquella mañana. Bethuis declaró: "El sol ya había disipado la niebla y se veía un enjambre compacto de miles de campesinos armados con horcas, cuchillos de desollar, garfios, hoces y no pocas escopetas de caza". Como lo recordaba Germain, "sus salvajes alaridos bastaban por sí solos para sembrar el terror".

Sí, sería impactante para cualquiera enfrentarse a una enfurecida muchedumbre de cientos de personas enardecidas, irracionales y hambrientas. Aunque se intentó razonar con la multitud y satisfacer algunas de sus demandas, pronto se amotinaron y empezaron a saquear cualquier objetivo relacionado con los administradores locales. Ni siquiera el clero se libró de esta embestida. Un sacerdote llamado Pierre Letort fue acorralado y apuñalado en la cara varias veces.

Pero pronto, Francia se enfrentó a problemas aún más acuciantes que las amenazas internas. Los adversarios extranjeros de Francia estaban dispuestos a aprovecharse de la agitación interna del país. El problema más acuciante era la amenaza de Austria. Las tropas francesas estaban siendo demolidas en los campos de batalla de Lovaina y Renania. La falta de autoridad central significaba que cualquier acción concertada se perdía a menudo en un fango desesperante de disputas burocráticas e ineficacia entre las diversas facciones que lideraban la revolución.

Había que hacer algo para estabilizar el caos. Henri-Maximin Isnard, líder del club político conocido como los Girondinos, sugirió la creación de un comité que velara por la seguridad de la población frente a las amenazas internas y externas, sobre las que Isnard y sus colegas habían hablado largo y tendido a finales de 1791. En un intercambio, Isnard llegó a poner a Francia en el punto de mira de la agresión extranjera.

En palabras de Isnard: "Los franceses se han convertido en el primer pueblo del universo. Su conducta debe corresponder a su nuevo destino. Como esclavos eran audaces y grandes; ¿van a ser tímidos y débiles ahora que son libres?".

Henri-Maximin Isnard y sus colegas empezaban a ver su revolución no sólo como un problema francés localizado, sino también como algo de gran importancia en el escenario mundial. Ya no bastaba con derrocar a su gobernante absoluto. También tenían que considerar la posibilidad de actuar contra los demás monarcas de Europa, como los de Gran Bretaña, Austria y Rusia.

La Revolución francesa se estaba transformando en una cruzada contra el propio absolutismo, y los revolucionarios franceses empezaron a verse a sí mismos en el centro de esta lucha por la libertad. Empezaron a sentir que participaban en un juego de suma cero. O ponían a los monarcas de Europa en el lugar que les correspondía, o serían inevitablemente aplastados por los jefes de Estado extranjeros que se aliaban en su contra.

Jacques Pierre Brissot, que asistió a estas graves discusiones, secundó este temor. En palabras del historiador Schama, "Brissot esbozó los rasgos de una vasta conspiración que se extendía por toda Europa, diseñada para aislar y paralizar para siempre el poder francés". Planteando una serie de preguntas retóricas, colocó las piezas del rompecabezas en su sitio. ¿Por qué Rusia había hecho repentinamente las paces en su frontera oriental con Turquía si no era para concentrarse en algo siniestro? ¿Por qué el rey de Suecia, conocido corresponsal de la reina desde su visita a Francia en la década de 1780, había movilizado a sus ejércitos? ¿Por qué los archienemigos Austria y Prusia habían caído en brazos del otro en Pillnitz? La respuesta a todas estas preguntas era una daga que apuntaba directamente al corazón de la única nación de hombres verdaderamente libres del Viejo Mundo".

Los líderes de la Revolución francesa se dieron cuenta de lo que estaba sucediendo. Eran débiles en el interior y se enfrentaban a graves amenazas en el exterior, ya que se estaba formando una vasta coalición contra ellos. Era necesario crear un órgano político especial para hacer frente a todas estas amenazas. Por esta razón se creó el Comité de Seguridad Pública. Este comité fue oficialmente establecido el 6 de abril de 1793.

El Comité de Seguridad Pública, compuesto por doce diputados, recibió el poder de dirigir las fuerzas armadas de Francia y gobernar la nación francesa. Pero sus investigaciones internas sobre la ciudadanía francesa y la erradicación de supuestos enemigos internos del Estado harían infame a este comité de doce hombres. El Comité tenía la misión de mantener a Francia "segura" y, a ojos de los revolucionarios, cualquiera que hablara en contra de la revolución era considerado un peligro para el Estado. El Comité de Seguridad Pública se consideraba a sí mismo la barandilla de la Revolución francesa. Estaba listo y dispuesto a golpear a cualquiera que se atreviera a apartarse de la línea.

El incendiario jacobino Jean-Paul Marat había sido durante mucho tiempo portavoz oficioso del Club Jacobino a través de su popular periódico *L'Ami du Peuple* o, como se traduce al español, *El Amigo del Pueblo*. Su periódico se hizo famoso durante el apogeo de la Revolución francesa, ya que lanzaba brutales ataques contra el rey y la reina de Francia, convirtiéndose en el vehículo más famoso del descontento popular. El propio Marat fue apodado el "Amigo del Pueblo".

Sin embargo, los girondinos no apreciaban a Marat y consideraban que su retórica hostil y a menudo violenta era útil, sobre todo porque apuntaba a compañeros de la élite revolucionaria. Las tensiones en Francia eran tan fuertes que los revolucionarios estaban más que dispuestos a volcar su ira unos contra otros. La convención política se convirtió en un caos, y girondinos como Marguerite-Élie Gaudet, Maximin Isnard y François Buzot se ensañaron con el líder de los Jacobinos.

Para entender el punto de vista de los Girondinos, es importante comprender sus orígenes y lo que defendían. Los Girondinos surgieron en 1791 durante las sesiones de la Asamblea Legislativa. El grupo, fue forjado por un destacado abogado francés llamado Jacques Pierre Brissot. Gracias a él, la facción girondina fue apodada inicialmente los "Brissotinos". Sólo más tarde, cuando se observó que la mayoría de los miembros de esta facción procedían de Burdeos, situada en lo que se conocía como el departamento de Gironda, el grupo pasó a ser reconocido popularmente como los Girondinos.

Los girondinos abogaron desde el principio por el fin de la monarquía absoluta en favor de un gobierno republicano. Aun así, se los consideraba moderados o, al menos, mucho menos radicales que algunos de sus colegas Jacobinos. Los Girondinos hablaron largo y tendido de su deseo de lo que consideraban una Francia libre en la que la libertad y el mérito personal tuvieran la máxima importancia. Y consideraban que un gobierno republicano, con representantes elegidos, era el mejor sistema para garantizar la protección de estas libertades.

Al mismo tiempo, los Girondinos miraban con recelo a sus colegas más radicales de París, que no sólo pedían reformas sino también la nivelación de la sociedad francesa. Los Girondinos buscaban una salida pacífica para el rey -quizás incluso la clemencia- mientras que las facciones más radicales insistían en que el rey debía ser ejecutado. Dado que el rey fue finalmente ejecutado, el planteamiento Girondino más moderado fue claramente desoído. Sin embargo, los Girondinos continuaron expresando sus preocupaciones contra los portavoces más radicales que actuaban en París, como Jean-Paul Marat, a quien sus partidarios habían apodado el "Amigo del Pueblo".

Para demostrar lo mezquinos que eran los ataques, en un determinado momento, uno de los delegados de la convención bromeó diciendo que el estrado debería "desinfectarse después de cada discurso del Amigo del Pueblo". Así pues, por mucho que queramos afirmar que la política actual es nefasta y extrema, basta con echar un vistazo a la política de la Revolución francesa, que tuvo lugar hace más de doscientos años, para darse cuenta de que la política siempre ha sido complicada. De hecho, era peor entonces, como veremos con la historia de Marat.

La política es a menudo comparada con un deporte sangriento, y cuando no existen las barreras adecuadas, las cosas se descontrolan rápidamente. Y en Francia, en la década de 1790, esas barandillas se hicieron añicos. Gaudet gorjeaba que Marat era un "sapo croador", mientras Marat gritaba que Gaudet era un "pájaro vil". Por infantiles y juveniles que parecieran algunos de estos intercambios, también eran peligrosos, ya que los que lanzaban estas púas pretendían que sus oponentes no sólo fueran objeto de burla, sino también deshonrados y posiblemente incluso asesinados.

Los Girondinos querían, sobre todo, acusar a Marat. Afirmaban que incitaba a la violencia y, para demostrarlo, sólo tenían que recurrir a sus escritos. Simon Schama describió bien su táctica cuando afirmó: "Los Girondinos recogieron pruebas de los escritos de Marat para demostrar que había violado la integridad de la Convención al llamar a cometer ataques violentos contra sus miembros".

Estas afirmaciones dieron lugar a un acta de acusación de diecinueve páginas, que fue entregada al Tribunal Revolucionario. Se trataba de un tribunal especial creado por la Convención Nacional en marzo de 1793. Su misión era juzgar a los considerados enemigos de la revolución. En otras palabras, juzgaba a los acusados de participar en actividades contrarrevolucionarias.

Los Girondinos habían acusado a Marat de incitar a la violencia y a la insurrección contra el gobierno revolucionario. Como dice el historiador Simon Schama, "los Girondinos recogieron pruebas de los escritos de Marat para demostrar que había violado la integridad de la Convención al llamar a ataques violentos contra sus miembros".

Los incendiarios artículos redactados por Marat en su periódico eran conocidos por su exagerado estilo y su lenguaje explosivo. Jean-Paul Marat, por su parte, alegó que sus palabras se estaban sacando de contexto y que no todo lo que decía debía tomarse al pie de la letra.

Por supuesto, estas cosas están abiertas a la interpretación. Por ejemplo, Marat escribió sobre su "pesar" por el hecho de que "unos cientos de cabezas hubieran sido perdonadas para preservar a cientos de miles de inocentes". Sí, sus palabras pueden interpretarse literalmente como una apología de la violencia, pero también pueden verse como retórica utilizada para expresar un punto de vista.

En cualquier caso, la acusación siguió adelante y Marat fue a juicio. Pero si los Girondinos pensaban que tenían a su archienemigo contra las cuerdas, estaban muy equivocados. En lugar de empañar su imagen, la persecución política de la que fue objeto el incondicional Jacobino elevó su perfil y lo hizo más popular que nunca.

Cuando compareció ante el tribunal, recibió una gran ovación. Es fácil imaginar la conmoción y la consternación de los Girondinos al ver que el hombre al que habían perseguido era objeto de una erupción espontánea de elogios. Cuando Marat tuvo la oportunidad de decir lo que pensaba, todo había terminado. El mayor don de Marat eran sus palabras, y su defensa fue tan brillante y precisa que incluso los jueces seleccionados por los Girondinos se inclinaron de su lado.

Para disgusto de los Girondinos, Marat fue absuelto. En lugar de ir a la cárcel o enfrentarse a la guillotina, Marat salió del tribunal como un héroe, y un verdadero desfile lo siguió por las calles. Para celebrar la absolución de Marat, los Jacobinos organizaron una gran fiesta el 26 de abril, en la que parecía que toda Francia estaba presente.

Los Girondinos se habían vuelto cada vez más impopulares. Su impopularidad no se vio favorecida cuando, a principios de mayo, se opusieron al control de los precios del grano. En ese momento, la suerte política de los Girondinos comenzó a decaer considerablemente. El 16 de mayo, Isnard es nombrado Presidente de la Convención Nacional, y es gracias a sus esfuerzos que se hace un último esfuerzo para cambiar la suerte política del partido.

Maximin Isnard fue radical en su planteamiento, sugiriendo que se estaba tramando la disolución de la Convención Nacional. En un momento dado, Isnard se dirigió a los miembros de la Convención Nacional y pintó un panorama bastante funesto del futuro de Francia si no se desbarataban tales complots. Isnard les gritó a los reunidos: "Os digo, en nombre de toda Francia, que si estas interminables insurrecciones causan daño al parlamento de la nación, París será aniquilada, y los hombres buscarán en las orillas del Sena señales de la ciudad".

Los Jacobinos empezaron a afirmar que los Girondinos eran responsables de una conspiración contrarrevolucionaria. Finalmente, los Girondinos fueron expulsados de la Convención Nacional y puestos bajo arresto domiciliario, perdiendo así toda la influencia que les quedaba aquel mes de junio.

Crecía el enfado entre quienes se sentían políticamente excluidos y, el 13 de junio, uno de ellos tomó cartas en el asunto. Se llamaba Charlotte Corday. Procedía de una familia de la región francesa de Normandía. Tras la disolución de los Girondinos, muchos de sus exiliados llegaron a Normandía y difundieron la noticia de su supuesta persecución política. Sus relatos conmovieron los corazones de muchos, y Corday se sintió inspirada para actuar. Simpatizaba con los Girondinos, que trataban de impedir que la violencia se extendiera. Viajó a París y buscó a Marat.

La mañana del 13 de julio llamó a su puerta y le pidió una audiencia. Le mintió diciendo que tenía información sobre los traidores de Normandía. A pesar de ser rechazada, Marat la admitió cuando regresó por la noche. Marat le concedió una audiencia mientras él se bañaba en la bañera (estaba enfermo de la piel). Corday le dio los nombres de los Girondinos, pero luego le clavó un cuchillo en el pecho. Al oír sus gritos, la prometida de Marat, Simonne Evrard, entró corriendo en la habitación. Puso la mano sobre la herida para tratar de impedir que la sangre se derramara.

Sin embargo, fue inútil. Charlotte Corday, en su furia desenfrenada, le clavó el cuchillo en una arteria y Marat murió desangrado. Este asesinato, de gran repercusión, acabó por favorecer a los Jacobinos, dándoles más razones para adoptar medidas severas en aras de la "seguridad" de la población. El Amigo del Pueblo había sido derrocado, y ahora el Comité de Seguridad Pública tenía que asegurarse de que se restablecía el orden.

El 27 de julio de 1793, el incendiario revolucionario jacobino Maximilien Robespierre fue nombrado miembro del comité. Este grupo, creado para velar por la seguridad, se convertiría en el ejecutor del Reino del Terror, ya que le correspondía ejecutar los decretos de la Convención Nacional.

Curiosamente, Robespierre, un Jacobino con carné, sospechaba inicialmente del comité, ya que había sido establecido por Isnard, que era un Girondino. En un principio, Robespierre se preguntó si el comité no sería una toma de poder burocrática por parte de los Girondinos. Sin embargo, Robespierre sería seducido por la capacidad del comité para restablecer el control centralizado sobre la coerción oficial, sancionada por el Estado, y se convertiría en el jefe no oficial del mismo.

El escritor e historiador Simon Schama se refirió a esto nada menos que como "la reconquista del monopolio estatal de la violencia autorizada". Y eso, era precisamente lo que pretendía conseguir el Comité de Seguridad Pública. Desde el derrocamiento del Antiguo Régimen y la caída del rey, se había perdido prácticamente todo respeto por la autoridad autorizada por el Estado. El antiguo régimen había sido desmantelado y ya no se respetaba la antigua autoridad.

El Comité de Seguridad Pública intentaba imponerse como la nueva autoridad y el único organismo gubernamental legítimo para infligir dolor, sufrimiento y muerte a la población si los miembros del comité lo consideraban necesario. Los Estados-nación deben tener ley y orden. Pero la naturaleza de esa ley y ese orden depende de quién maneje los resortes del poder.

Si se establecen controles y equilibrios adecuados, debería haber cierto sentido de justicia y equidad en la aplicación de la ley y el orden y de las medidas coercitivas del Estado. Pero si al volante sólo hay una docena de compinches con intenciones, motivos, persuasiones políticas y objetivos cuestionables, puede ocurrir cualquier cosa. Y eso fue precisamente lo que ocurrió en Francia.

Sin embargo, el comité sabía que para convertirse en la autoridad suprema francesa tenía que hacer frente a las turbas asesinas que la revolución había creado. Era su trabajo hacer retroceder a los mismos monstruos que habían creado. Y es aquí donde vemos los primeros signos de una decisiva división entre la intelectualidad francesa y los manifestantes de la calle.

En primer lugar, estos dos elementos combinados habían constituido la fórmula básica de la Revolución francesa. La intelectualidad aportaba el cerebro, y las turbas violentas de las calles, la fuerza muscular. Esta combinación mortífera, en la que alborotadores con pan y cabezas ensangrentadas en picas coreaban las consignas de los panfletos políticos redactados por los intelectuales, puso de rodillas al Antiguo Régimen.

Pero ahora, la intelectualidad volvía su mirada hacia los rebeldes de la calle. La primera señal de este cambio se produjo en febrero de 1792, cuando los alborotadores, enfurecidos por el aumento de los precios en las tiendas, asaltaron los mercados. No siempre robaban. Muchos de ellos pagaban precios que consideraban justos. Sin embargo, estos alborotadores no tenían ni idea de que los comerciantes eran tan víctimas de los altos precios como ellos.

Los comerciantes tenían que hacer frente a los precios inflados de los mayoristas de los que obtenían sus productos. Y el hecho de que los alborotadores pagasen a los tenderos sólo una fracción de los precios inflados que habían fijado significaba que los tenderos perdían dinero y corrían el riesgo de quebrar. Los líderes de la revolución sabían que los alborotadores empeoraban las cosas. Maximilien Robespierre estaba enfurecido por las acciones de los manifestantes, especialmente porque su principal preocupación era lo que él llamaba burlonamente mera "mercancía miserable". El hecho de que despreciara así la necesidad de los hambrientos es un claro indicio de que a Robespierre no le importaba realmente el sufrimiento del pueblo francés. Las masas hambrientas sólo querían pan para alimentar a sus familias. No era un mero deseo de mísera mercancía, era un deseo de supervivencia en tiempos extraordinariamente difíciles.

Robespierre no tenía paciencia para las preocupaciones cotidianas de los manifestantes en la calle. Lo que más deseaba era una reforma total de la sociedad francesa. Muchos de los que saquearon las tiendas sólo querían que bajara el precio del pan. No les importaban en absoluto los "ideales" promovidos por Robespierre y los de su calaña. Sólo querían comida.

En otros tiempos, los intelectuales utilizaban su furia por los altos precios para conseguir que las masas hicieran lo que ellos querían. Sin embargo, una vez deshecho el Antiguo Régimen, a los intelectuales ya no les importaban las pequeñas preocupaciones sobre -como dijo Robespierre- la mercancía de la despensa. Así que, como ya se ha mencionado, se formó un comité para ayudar a poner fin a las protestas por los altos precios, la misma cosa que había desencadenado la revolución en primer lugar. Aquellos que realmente lo pensaron debieron darse cuenta de lo ridículo y absurdo que era todo esto.

Era tan absurdo como engañoso. Los mismos intelectuales que estaban más que dispuestos a hacer caer el martillo sobre los campesinos eran los mismos que habían avivado las llamas de la revolución en los años anteriores. Cuando el rey y la reina estaban al mando, se lanzaban alegremente panfletos tras panfletos, acusando a los comerciantes y al Antiguo Régimen de precios abusivos o incluso de una gran conspiración para infligir hambruna a propósito.

Cuando el rey estaba en el poder, estaba muy bien mentir y exagerar para provocar la violencia de las masas, pero cuando los revolucionarios estaban en el poder, se olvidaban de las tonterías sobre los precios abusivos y las conspiraciones, porque sabían que lo que estaba en juego era su propio beneficio. Sabían que no eran los precios abusivos los causantes de la grave situación económica, sino la inflación galopante y fuera de control.

Los revolucionarios se dieron cuenta además de que no estaban mejor preparados que el Antiguo Régimen para solucionar los problemas económicos. Pero aun así, querían que los manifestantes se callaran y estaban dispuestos a reunir todas las fuerzas a su disposición para silenciarlos. La ironía de la situación no pasó desapercibida para los principales intelectuales de la revolución.

Quizás Louis Antoine Léon de Saint-Just, figura revolucionaria e incendiario, lo resumió mejor cuando habló de cómo "la miseria había dado origen a la revolución" y de que "la miseria podía destruirla". Se decidió que las pasiones que desencadenaron la Revolución francesa -las mismas pasiones que la intelectualidad había inflamado- necesitaban ser extinguidas.

Capítulo 5: Las Guerras Revolucionarias se Intensifican

"La Revolución había sido preparada por las clases más civilizadas de la nación y llevada a cabo por las personas más incivilizadas y rudas".
-Alexis de Tocqueville

La amenaza de una intervención exterior se cernía sobre Francia desde hacía tiempo. Francia, había pasado la mayor parte de varios años como una antigua monarquía sumiéndose rápidamente en el caos. Aunque en un principio los británicos vieran con regocijo la desgracia de sus rivales franceses, al igual que los austriacos, estaban cada vez más preocupados.

Como ya se ha mencionado, la reina de Francia, María Antonieta, procedía de la realeza austriaca. El emperador austriaco, Leopoldo II, era su hermano. Leopoldo II se mostraba preocupado pero cauto cuando se trataba de conflictos con Francia. Sin embargo, tras su abrupto fallecimiento, Francisco, su sucesor, se mostró mucho más audaz.

Se discute si esta audacia puede atribuirse a Francisco o a sus gestores. Los eruditos han argumentado que fueron los consejeros del nuevo monarca, más que Francisco, quienes impulsaron la guerra. Y se supone que estos consejeros se envalentonaron aún más, ya que recibían información periódica sobre las posiciones de las tropas francesas a través de la correspondencia regular con María Antonieta.

Sí, cuando la reina fue juzgada por traición, había indicios de que las acusaciones podían tener algo de verdad. Pero aun así, uno no puede evitar simpatizar con la reina. Su marido había sido asesinado y ella era prisionera de las fuerzas revolucionarias. ¿Quién puede culparla por tratar de solicitar ayuda a su familia en Austria?

Con este telón político de fondo, la guerra de la Primera Coalición tomó forma. Al principio, Francia parecía estar en apuros. El 2 de septiembre de 1793, la flota francesa se vio obligada a rendirse a las fuerzas británicas en la ciudad portuaria de Toulon. Fue un golpe duro. Francia tenía un ejército, pero carecía de una flota adecuada.

Las deficiencias de la armada francesa serían un problema duradero durante toda la revolución, así como en las futuras guerras napoleónicas. La ciudad portuaria sería reconquistada el 15 de diciembre de 1793 por el propio General Napoleón Bonaparte. Napoleón sólo tenía entonces veinticuatro años, pero ya era una estrella ascendente en el ejército francés. Sus esfuerzos se hicieron notar, y posteriormente fue puesto al mando de la artillería francesa.

A continuación, Napoleón participó en el asedio de las posiciones británicas en el fuerte de l'Eguillette, en Toulon. Durante este intercambio, el audaz joven Napoleón se puso en peligro una y otra vez. En una ocasión, una bala de cañón pasó a su lado. Aunque no lo alcanzó, estaba tan cerca que la fuerza de la bala lo hizo caer como si hubiera sido golpeado. Uno sólo puede imaginar el asombro de aquellos bajo su mando al ver a Bonaparte saltar de nuevo después de este casi fallo para hacerse cargo de sus tropas.

Al final del día, Napoleón y sus tropas lograron asaltar la fortaleza e izar de nuevo la bandera francesa en Tolón. Napoleón también se congració con los Robespierre, en particular con Agustín, el hermano de Maximilien. Pero fue un pequeño consuelo tras la destrucción de la flota francesa el 18 de diciembre de 1793.

Por muy duro que fuera este golpe, las autoridades francesas recibieron otro de carácter interno cuando el campesinado francés, increíblemente miserable y hambriento, apareció en masa en el Hôtel de Ville de París en septiembre de 1793, gritando su viejo y familiar grito de "¡Pan! ¡Pan! ¡Necesitamos pan!".

Uno casi puede imaginarse el angustioso espectáculo de esta pobre chusma hambrienta y totalmente desinformada, vestida con harapos y coreando casi como zombis para conseguir algo de comer. Una situación así no podía ignorarse. Una autoridad de la comuna francesa de París, Pierre Gaspard "Anaxágoras" Chaumette, trató de calmar los crispados nervios de la población anunciando que se pondrían en marcha controles de precios para bajar el precio del pan antes del fin de semana.

Sin embargo, los manifestantes se negaron a dispersarse y exigieron una solución inmediata a la escasez. Pierre Chaumette intentó entonces posicionarse bajo una luz más comprensiva, gritándole a los congregados: "¡Bueno, yo también he sido pobre y, por tanto, sé lo que es ser pobre! Esta es una guerra abierta de los ricos contra los pobres; quieren aplastarnos; pues bien, debemos impedírselo. Debemos aplastarlos nosotros mismos; ¡tenemos la fuerza para hacerlo!".

Una vez más, Pierre Chaumette se inventó un enemigo imaginario: "los ricos". Chaumette era bien conocido por sus intentos de crear enemigos donde no los había. Justo antes de la ejecución del rey Luis XVI, declaró que gran parte de los problemas a los que se enfrentaban los franceses se debían simplemente a que el rey seguía vivo, como si el mero hecho de que el monarca siguiera respirando fuera la única razón de la inflación, el malestar interno y las nubes de guerra que se cernían en el horizonte.

Pero incluso con el rey muerto, gente como Chaumette seguía buscando enemigos a quienes culpar de los problemas de Francia. Después de bromear con la multitud de esta manera, se sugirió a los manifestantes que volvieran al día siguiente, el 5 de septiembre, cuando se reuniera la Convención Nacional, para que pudieran hablar abiertamente de sus quejas.

Los manifestantes decidieron hacerlo y, como un reloj, se presentaron en la Convención Nacional tal como se les había sugerido. Pero no iban a esperar a que terminaran los discursos de los delegados. En lugar de eso, irrumpieron en la sala y empezaron a utilizar la fuerza bruta contra aquellos que, según les dijeron, les estaban ocultando algo. Los Jacobinos, que reinaban en el poder, estaban preparados. Con una *Armée Révolutionnaire* ("ejército de la revolución") recién reorganizado, sofocaron a los manifestantes e instituyeron una represión que se conocería como el Reinado del Terror.

Capítulo 6: Un Terror Revolucionario en su Centro

"Tú que sostienes al país vacilante contra el torrente del despotismo y la intriga, tú a quien conozco como conozco a Dios por tus milagros, me dirijo a ti, monsieur, para rogarte que te unas a mí para salvar a mi pobre región. No le conozco, pero es usted un gran hombre. No sois simplemente el diputado de una provincia; sois el representante de la humanidad y de la república".

-Louis Antoine Saint-Just

El inicio del llamado "Reinado del Terror" dejaría innumerables muertos y encarcelados. Aunque algunos estudiosos discrepan sobre la fecha de inicio del Reinado del Terror, la mayoría coincide en que comenzó con una represión inspirada por los Jacobinos que se instituyó el 5 de septiembre de 1793. Aunque nadie conoce el número exacto, los historiadores estiman que decenas de miles de personas perecieron durante este terrible episodio de la historia francesa.

Su final puede afirmarse de forma definitiva, ya que en general se admite que llegó a su fin cuando su arquitecto, Maximilien Robespierre, y sus compinches se convirtieron en sus últimas víctimas. Robespierre se enfrentó a su propia ejecución el 28 de julio de 1794. Pero ocurrieron muchas cosas en esos casi once fatídicos meses de opresión. El primer hito importante se produjo el 29 de septiembre de 1793, cuando se promulgó la Ley de Sospechosos.

Esta ley estableció en la legislación francesa los procedimientos exactos para acabar con los supuestos enemigos del Estado. Se puso en marcha un programa nacional de vigilancia en el que se detenía a todo aquel que fuera considerado subversivo. Sí, irónicamente, por mucho que los filósofos franceses prerrevolucionarios se opusieran a las inquisiciones española, portuguesa y romana, los sucesores de la Revolución francesa decidieron que ya era hora de instituir una inquisición propia.

Se dice que durante este periodo, cientos de miles de personas - algunos estiman que alrededor de 500.000- fueron detenidas. El hecho de que cualquier persona pudiera ser detenida, por cualquier motivo, suponía una clara desviación de los supuestos elevados objetivos de la Revolución francesa y de las libertades explícitamente mencionadas en la Declaración de los Derechos del Hombre y del Ciudadano.

Sin embargo, el líder Jacobino Maximilien Robespierre no tenía ningún problema en utilizar la fuerza para asegurar su visión del futuro de Francia. No tenía reparos en llevar a supuestos sospechosos ante los tribunales por los cargos más endebles. Como el propio Robespierre dijo en su momento: "La notoriedad pública acusa a un ciudadano de crímenes de los que no existen pruebas escritas, pero cuya prueba está en el corazón de todos los ciudadanos indignados".

¿Qué significa eso? Robespierre, con sus escalofriantes y crípticas palabras, está afirmando básicamente que no es necesario que exista ninguna prueba real y legal de que existe un delito, siempre y cuando se considere que alguien está en desacuerdo con el corazón de la revolución. Si se creía que una persona era subversiva con los ideales de la revolución, podía esperar la ira que brotaba de, como dijo Robespierre, "el corazón de todos los ciudadanos indignados".

Es realmente escalofriante contemplarlo. El Reinado del Terror comenzó como una represión coercitiva contra las protestas alborotadas por el precio del pan. Sin embargo, la mayoría de los detenidos durante este periodo eran sospechosos de conspirar directamente contra el gobierno revolucionario. La religión jugó en ocasiones un papel importante, ya que el cristianismo fue activamente reprimido. El cristianismo llegó a considerarse potencialmente subversivo, por lo que las muestras externas de fe podían acarrear muchos problemas con los revolucionarios. Según el escritor e historiador Ian Davidson, si alguien era sorprendido exhibiendo abiertamente un crucifijo, podía ser detenido para ser interrogado.

La sociedad francesa fue testigo de la ruptura total de la confianza entre amigos y vecinos. Como siempre ocurre, cuando la sociedad se ve obligada a mirar hacia dentro en busca de "enemigos", los amigos, vecinos e incluso familiares se vuelven unos contra otros, y las viejas rencillas se resuelven bajo el pretexto de algo más grande que ellas mismas. En el caso de la Francia de la década de 1790, ese algo mayor era el fervor revolucionario.

El estimado erudito e historiador francés Jules Michelet admitió abiertamente que los Jacobinos eran la "policía del pensamiento de la revolución". En palabras de Michelet: "No era poca cosa ser excluido de los Jacobinos. Esta formidable sociedad, aunque mantenía la forma de un club, era en realidad un gran jurado de acusadores. Su lista de miembros era el libro de la vida o de la muerte".

Una persona que sin duda no encajaba en este club revolucionario era la antigua reina de Francia, María Antonieta. Quizás el foco más odiado de la revolución, consiguió sobrevivir a su marido, ejecutado en la guillotina en enero de 1793. Sin embargo, la vida de María no duraría mucho, ya que la policía del pensamiento de la revolución encontró la forma de acabar también con ella. Inmediatamente después de la muerte de su marido, María Antonieta fue puesta bajo vigilancia en el palacio prisión del Templo.

Se esperaba que la ex reina francesa permaneciera fuera de la vista y de la mente de los franceses. Sin embargo, durante el verano de 1793, sus guardianes se sorprendieron al descubrir que se había corrido la voz de que la reina había estado tratando con ternura a sus dos hijos -la hija y el hijo que le sobreviven- desde sus dependencias en el Templo.

Por absurdo que pudiera parecer, los manipuladores de María Antonieta se alarmaron ante la posibilidad de que la deshumanización de la ex reina resultara contraproducente. Temían que, si la noticia se difundía y la gente chismorreaba por la calle que la reina era una madre cariñosa y desinteresada, todo el esfuerzo que habían dedicado a pintarla como un monstruo terrible quedaría en nada. Al fin y al cabo, es difícil denigrar a una persona bondadosa.

Para evitar que las habladurías continuaran, el hijo de siete años de María Antonieta, Luis Carlos, fue arrancado de su lado. El niño fue trasladado a una celda debajo de los aposentos de la reina, donde ella podía oír sus desdichados sollozos, pero no hacer absolutamente nada para consolarlo. El pobre Luis moriría, encerrado en su habitación, en

1795. Sólo tenía diez años.

María Antonieta fue finalmente llevada ante el tribunal el 14 de octubre de 1793. Como era de esperar, fue acusada de traición. Se le imputaron los mismos cargos de siempre, utilizando sus raíces ancestrales en Austria para sugerir que estaba confabulada con el gobierno austriaco, con el que Francia estaba en guerra.

A pesar de la gravedad de la situación y teniendo en cuenta lo que ya había sufrido con la ejecución de su marido y todas las demás privaciones que se le habían impuesto, se manejó bien. Negó a sus enemigos el placer de verla arrastrarse ante ellos, pues se dice que se mantuvo firme y respondió a todas las preguntas que le hicieron con un tono de voz firme y seguro.

Negó cualquier delito e insistió en que la felicidad de los franceses fue siempre su principal objetivo y el de su marido. Sin embargo, fue declarada culpable y acabó perdiendo la cabeza en la guillotina el 16 de octubre de 1793. La mañana anterior a su ejecución, María Antonieta consiguió escribir una última nota a su cuñada Isabel.

La carta comienza así:

"Es a ti, hermana mía, a quien escribo por última vez. Acabo de ser condenada, no a una muerte vergonzosa, pues tal es sólo para criminales, sino a ir a reunirme con tu hermano".

La reina condenada se refiere, por supuesto, a su marido, quien ya había sido guillotinado. Le recuerda a su cuñada Isabel que, digan lo que digan, ella puede ver a través de la condena que se les ha impuesto. Aunque ambos miembros de la realeza recibieran las penas más duras, ella no se veía a sí misma y a su marido como criminales merecedores de una muerte vergonzosa.

Y añade: "Inocente como él, espero mostrar la misma firmeza en mis últimos momentos. Estoy tranquila, como lo está uno cuando su conciencia no le reprocha nada".

Aquí, la reina vuelve a insistir en que su conciencia está tranquila. Es cierto que la reina fue injustamente señalada desde el principio de su reinado, pero el hecho de que se niegue siquiera a reconocer que pudo haber errores por parte de la realeza se aleja de la reacción del rey Luis XVI. Aunque el rey Luis pensaba que él y su esposa habían sido injustamente atacados y deshumanizados por la intelectualidad, estaba dispuesto a reconocer sus errores pasados.

La mayor preocupación de María Antonieta fueron siempre sus hijos, de quienes sabía que tendrían que vivir el resto de sus vidas (por cortas que fueran) sin ninguno de sus padres. Con este fin, le suplicó a su cuñada Elisabeth, "que por amor lo ha sacrificado todo para estar con nosotros", que velara por el bienestar de sus dos hijos sobrevivientes.

Su hijo, como ya se ha mencionado, murió en su celda en 1795. Es difícil saber a qué problemas se enfrentó, aunque parece que fue tratado con cierto respeto. Sin embargo, durante su autopsia, su cuerpo presentaba marcas por todas partes, como si hubiera sido golpeado. La hija de María Antonieta, Marie-Thérèse, sobreviviría al Reinado del Terror. Fue liberada el 18 de diciembre de 1795 y se dirigió a Viena, donde sabía que sería bien recibida.

A continuación, María Antonieta añade: "Me he enterado por el proceso de mi juicio de que mi hija ha sido separada de vosotros. ¡Ay! Pobre niña; no me atrevo a escribirle; no recibiría mi carta. Ni siquiera sé si ésta le llegará".

La reina tenía razón al suponerlo, ya que su última misiva no llegó a su destinatario. Elisabeth ni siquiera llegó a saber que la carta existía. Sería condenada a muerte en la guillotina en mayo de 1794.

La carta de María Antonieta continúa, con la esperanza de que su hijo e hija sobrevivientes aprendan a apoyarse mutuamente a través de las muchas penas, pruebas y tribulaciones a las que probablemente se enfrentarían tras su fallecimiento.

La reina condenada aconsejó: "En resumen, que ambos sientan que, en cualquier posición en la que se encuentren, nunca serán verdaderamente felices si no es a través de su unión. Que sigan nuestro ejemplo. En nuestras propias desgracias, ¡cuánto consuelo nos ha proporcionado nuestro mutuo afecto! Y, en tiempos de felicidad, lo hemos disfrutado doblemente al poder compartirlo con un amigo; ¿y dónde se pueden encontrar amigos más tiernos y más unidos que en la propia familia?".

En la carta, la reina María Antonieta dirige entonces su atención hacia su hijo. Le pide a Elisabeth que se asegure de que el niño guarde a su padre en su memoria, pero también le advierte de que no tenga ninguna idea de buscar venganza.

Escribe: "Que mi hijo nunca olvide las últimas palabras de su padre, que repito enfáticamente; que nunca busque vengar nuestras muertes".

Estas últimas palabras de la reina invitan a la reflexión. En ellas sugiere firmemente que su hijo no busque venganza contra los perseguidores de su marido y de ella.

Tal vez sea un poco difícil entrar en la mente de esta sentenciada monarca, pero cabe preguntarse si imaginaba un futuro en el que la monarquía fuera restaurada y su hijo estuviera a la cabeza. ¿Imaginaba a su hijo sentado en el trono como un adulto y contemplando cómo se vengaría de aquellos que habían agraviado a sus padres?

En cierto modo, debido a las incesantes descripciones negativas de María Antonieta por parte de sus detractores y a algunas de sus propias declaraciones, resulta difícil imaginarla deseando tal magnanimidad a quienes la persiguieron a ella y a su familia. Pero en uno de sus últimos momentos de vida, pareció creer que su hijo debía mostrar piedad y moderación si llegaba a tomar el poder sobre Francia.

Tal vez, María Antonieta estuviera influida por las enseñanzas cristianas sobre la misericordia y el perdón. Pero quizá fuera lo bastante sabia como para saber que un ciclo de retribución no sería un buen augurio para ninguna monarquía. Y la historia acabaría por confirmarlo cuando la monarquía fue restaurada más tarde bajo el hermano de Luis XVI, Luis XVIII.

Luis XVIII consideró que lo mejor era perdonar y olvidar cuanto antes las terribles ofensas que se habían cometido. Tal y como María Antonieta había afirmado en su última carta, parecía que la única manera de salir del terrible ciclo de odio, agravio y represalias en el que se encontraba Francia era perdonar, olvidar y seguir adelante en la medida de lo posible.

No podemos olvidar, por supuesto, que en estas últimas palabras de María Antonieta no sólo vemos las últimas palabras de una monarca, sino también las súplicas de una madre preocupada. Aunque la estoica reina se resignaba a su propio destino, estaba profundamente angustiada por lo que pudiera ocurrirles a sus hijos. El hijo de la reina es un indicio de la discordia familiar, ya que ella insta a su cuñada a tener paciencia con el niño, quien al parecer ya le había causado cierta angustia.

María Antonieta termina su misiva diciendo: "Adiós, mi buena y tierna hermana. Que esta carta te llegue. Piensa siempre en mí; te abrazo con todo mi corazón, como a mis pobres y queridos hijos. Dios mío, ¡qué desgarrador es dejarlos para siempre! ¡Adiós! ¡Adiós!".

La carta no llegó a manos de Elisabeth, pues el fiscal, Antoine Quentin Fouquier-Tinville, se apoderó de ella y la guardó junto con sus efectos personales. Aunque la nota no llegó a su destinatario, se convirtió más tarde en un inesperado tesoro para los historiadores, al marcar los últimos momentos previos al fallecimiento de la ex reina de Francia.

En cualquier caso, poco después de que se escribieran estas sentidas palabras, María Antonieta fue conducida a la guillotina para encontrar su prematuro final. Fue sacada de su celda alrededor de las siete de la mañana y colocada en un carruaje abierto (algunos lo describen más como un carro), donde estuvo completamente expuesta a los elementos, incluyendo cualquier cosa que la multitud pudiera arrojarle. Para colmo, su transporte se detuvo a propósito en más de una ocasión para que sus cuidadores pudieran señalarla a la multitud.

En esos momentos, las multitudes de antiguos súbditos de María Antonieta se burlaban de ella y le lanzaban todo tipo de improperios y crueles burlas. Sin embargo, se dice que ella se mantuvo estoica y fuerte y no se rebajó a su nivel. En lugar de gritarle a la turba, se la oyó rezarle a Dios. Aunque se trataba de la ejecución de un antiguo monarca, María Antonieta asumió en muchos sentidos el papel de mártir.

La muerte de María Antonieta fue tan dramática como la de los santos llevados a la hoguera o arrojados a los leones. La procesión hasta la guillotina fue un calvario, y ya era mediodía cuando la ex reina llegó a su destino. Estoica y refinada hasta el final, se dice que sus últimas palabras se produjeron cuando pisó accidentalmente el pie de su verdugo. Se la oyó decirle: "Perdone, señor, no lo he hecho a propósito".

Era como si María Antonieta estuviera resignada a su destino y decidida a contrastar con la turba sedienta de sangre que aullaba por su muerte. A diferencia de quienes clamaban por su muerte, ella quería dejar absolutamente claro que no sentía rencor alguno. Mientras caía la guillotina, permaneció callada. Y sin ninguna señal de protesta, la vida de la reina se había apagado.

Aún más decisivo para el curso de la revolución fue lo que ocurrió un par de semanas después. El 31 de octubre, veintiún líderes de los Girondinos, caídos en desgracia y desmovilizados, fueron ejecutados. A partir de ese momento, ni siquiera se pretendió hacer justicia. Según el historiador francés Michelet, "no hubo hipocresía en el juicio. Todo el mundo vio enseguida que sólo se trataba de matar. Hicieron caso omiso de todas las formalidades todavía habituales en esta época en el Tribunal revolucionario. No se presentó ningún documento. No hubo abogados para la defensa. A varios de los acusados no se les permitió hablar".

La propaganda de la élite intelectual había caído en saco roto. Hasta el más simple de los simplones podía ver que les estaban tapando los ojos y que los elitistas tenían las manos manchadas de sangre. No había manera de endulzar el hecho de que la sed de sangre se estaba llevando a cabo, a nivel oficial, a través de los órganos del Estado.

Los juicios de exhibición consisten en sacar a la gente y condenarla públicamente sin ninguna esperanza de recurso o defensa. Y eso es lo que ocurrió con estos antiguos líderes de los Girondinos condenados. Sí, el Halloween de 1793 fue espeluznante: los últimos vestigios de los Girondinos fueron aplastados por la bota Jacobina.

Cabe señalar que la primera Constitución francesa ya había sido desechada en ese momento en favor de otra constitución, que fue parcialmente redactada por el principal arquitecto Jacobino del Reinado del Terror, Maximilien Robespierre. Esta nueva constitución fue adoptada formalmente en junio de 1793. La supuesta monarquía constitucional de la primera constitución quedó anulada luego de que el rey perdiera la cabeza. Así pues, el ímpetu obvio de Robespierre era forjar una constitución que no necesitara la participación de un monarca.

Además de abolir la necesidad de la monarquía, el documento ampliaba en gran medida las virtudes originales declaradas en la Declaración de los Derechos del Hombre y del Ciudadano. En particular, pretendía garantizar cosas como la soberanía popular, el derecho de asociación y el derecho a resistir la opresión. El derecho a resistir la opresión era el más vago de estos supuestos derechos. ¿Cómo se define la opresión? ¿Y cómo puede uno decir que no estaba siendo oprimido en ese momento? Después de todo, el Reinado del Terror estaba en pleno apogeo, con múltiples dedos apuntando en múltiples direcciones a múltiples opresores, tanto reales como imaginarios.

El Reino del Terror, apoyado por los Jacobinos, tuvo tal alcance que en diciembre de ese año, sólo en París, funcionaban más de cincuenta centros de detención. Y en ese mes de diciembre, contenían unas setenta mil almas entre todos ellos. Entre las personas detenidas y ejecutadas había hombres y mujeres, ricos y pobres, desconocidos y prominentes.

Uno de los prisioneros de mayor rango fue Luis Felipe II, duque de Orleans. Era conocido por ser la figura más acaudalada de toda Francia y en su momento había sido representante electo en la Convención Nacional. También era primo del antiguo rey, a quien había votado para que fuera ejecutado. Luis Felipe fue arrestado simplemente porque su hijo se mostró traidor a la causa revolucionaria al huir a las líneas enemigas y cambiar de bando.

Su hijo, el duque de Chartres, se había disgustado con su padre cuando votó a favor de la ejecución del rey Luis XVI. Harto del fervor revolucionario que se apoderaba de Francia, decidió desertar a los austriacos, refugiándose con ellos y luchando a su favor. Esto resultaría irónico, ya que justo antes de que su hijo tomara esta fatídica decisión, Luis Felipe II, duque de Orleans, en su calidad de representante de la Convención Nacional, había votado la aprobación de un protocolo que establecía que cualquiera que fuera considerado mínimamente cómplice de un desertor se convertía en sospechoso por defecto.

Luis Felipe II fue declarado culpable por asociación, y eso fue más que suficiente para que la revolución sospechara de él. Luis Felipe era conocido por su gran sentido del humor y, al parecer, se lo tomó todo con calma. Se dice que antes de ser ejecutado dijo: "¿De verdad? Esto parece una broma".

Sin embargo, no todo el mundo se reía. Algunos líderes de la revolución intentaron frenar el Reino del Terror. Por ejemplo, el 5 de diciembre de 1793, Camille Desmoulins publicó un panfleto titulado Le Vieux Cordelier, que pedía el fin de la persecución. En otro número publicado el 17 de diciembre de 1793, Camille Desmoulins se atrevió a pedir directamente el fin del Reinado del Terror.

Al principio, Robespierre adoptó un tono sorprendentemente conciliador ante estos ataques a la metodología del Reino del Terror. El 20 de diciembre, propuso la creación de un comité de justicia, que reexaminaría a algunos de los detenidos bajo sospecha. Esta respuesta conciliadora y mansa no hizo sino envalentonar aún más a Desmoulins. En su siguiente publicación, el 24 de diciembre, exigió la liberación inmediata de los presos.

Declaró: "Abran las cárceles para los 200.000 ciudadanos que ustedes llaman sospechosos, porque, en la Declaración de Derechos, no hay casas de sospecha. Queréis exterminar a todos vuestros enemigos con la guillotina. Pero, ¿hubo alguna vez una locura mayor? Creedme, ¡la libertad se fortalecería y Europa sería conquistada si tuvierais un Comité de Clemencia!".

Sin embargo, Maximilien Robespierre mostró una moderación inusual al tratar con Desmoulins. Robespierre incluso rechazó la sugerencia de expulsarlo del Club Jacobino. En su lugar, declaró que se limitaría a destruir sus publicaciones. Sin embargo, la tolerancia de Robespierre no duraría para siempre, y Desmoulins, junto con otros disidentes, fueron detenidos. Camille Desmoulins sería sometido a una farsa de juicio justo antes de su ejecución, el 5 de abril de 1794.

Poco después, la Revolución francesa se convirtió en un auténtico disparate. En la primavera de 1794, Robespierre, tratando de mantener el fervor revolucionario de la población, comenzó a crear lo que sólo puede describirse como un culto religioso. Desde el comienzo de la Revolución francesa, muchos deseaban desmantelar el cristianismo y sustituirlo por una nueva religión.

Muchos de los líderes revolucionarios eran deístas que creían en un poder superior y despreciaban la religión organizada. Estos sentimientos se reflejaban en el hecho de que la Constitución francesa mencionaba un "ser supremo", pero no llegaba a especificar cuál podría ser ese ser supremo. Robespierre sintió la necesidad de llenar el vacío que había creado la supresión del cristianismo, así que empezó a crear su propia religión, colocándose a sí mismo a la cabeza.

Dirigió procesiones religiosas e hizo que la gente cantara sus propios himnos improvisados en los que no cantaban alabanzas a Dios, sino a las glorias de la revolución y a su aversión a los monarcas. Por ridículo que parezca, no faltaron franceses pobres y desilusionados que cayeron en el culto.

Los colegas de Robespierre no estaban contentos con esta evolución y despreciaban secretamente sus esfuerzos. El culto de Robespierre era más un culto a la personalidad que otra cosa, y tan pronto como fuera despachado, su religión experimental caería también por el camino.

El Reinado del Terror estaba perdiendo fuerza, y ni él ni una nueva religión para las masas reforzarían las fortunas de Robespierre y sus colegas Jacobinos.

Sin embargo, Robespierre trató de involucrar a todos los aspectos de la vida de los franceses comunes con su nuevo culto. La culminación de toda esta religión fue una extravagante producción que Robespierre organizó el 20 de junio, a la que se denominó Festival del Ser Supremo.

Durante la invocación de Robespierre en este evento, proclamó: "El verdadero sacerdote del Ser Supremo es la Naturaleza misma; su templo es el universo; su religión, la virtud; sus festivales, la alegría de un gran pueblo reunido bajo sus ojos para anudar el dulce nudo de la fraternidad universal y presentar ante ella [la Naturaleza] el homenaje de corazones puros y sintientes [sensibles]".

Utilizando temas, simbolismos y palabras que, en su opinión, resonaban en el pueblo francés, Robespierre intentaba conmover los corazones y las mentes de las masas. Intentaba provocar una reacción. Pero no esperaba la reacción que finalmente recibió.

Capítulo 7: La Reacción Termidoriana y el Directorio

"Se ha dicho que el terror es el principio de un gobierno despótico. ¿Se parece, pues, vuestro gobierno al despotismo? Sí, como la espada que brilla en las manos de los héroes de la libertad se parece a aquella con que están armados los esbirros de la tiranía. El gobierno de la revolución es el despotismo de la libertad contra la tiranía".

-Maximilien Robespierre

Robespierre buscó desesperadamente transformar el rostro de la sociedad francesa. Rebautizó el mes de julio como "Termidor". Y en el mes de Termidor, sus oponentes se movilizaron contra él en lo que posteriormente se ha denominado la "Reacción Termidoriana". El término "Termidoriano" es históricamente impreciso. Cualquiera que se opusiera a Robespierre y a la dirección que estaba tomando Francia entraba en esta categoría general.

Algunos se oponían a Robespierre por motivos puramente ideológicos, mientras que otros podían tener venganzas personales contra Robespierre o actuar por miedo. Algunos de los que se habían enemistado con Robespierre pensaban que acabar con él era la única manera de evitar perder la cabeza.

En un nivel muy básico, los termidorianos eran aquellos que creían que Robespierre se había extralimitado en sus funciones y trataban de poner freno a los abusos que este loco iluminado había desatado. Como resultado, Robespierre y sus compañeros Jacobinos fueron denunciados a fondo. Robespierre se vio acorralado y, durante un intento de arrestarlo, intentó suicidarse.

El intento fracasó y acabó con la mandíbula destrozada. Robespierre fue detenido en ese terrible estado y juzgado. Tras otra farsa de juicio, fue llevado a la guillotina. El vendaje que cubría su mandíbula fue considerado una distracción, por lo que se lo arrancó a la fuerza. Y a menos que un aullido animal de dolor cuente, Robespierre, el gran orador, no tuvo últimas palabras. Aulló de dolor, la hoja cayó y él se había ido.

Sin embargo, el tumulto aún no había terminado, y la Reacción Termidoriana continuaría. El sur de Francia, en particular, vería erupciones de violencia espontáneas contra los Jacobinos. Hay que tener en cuenta que el sur de Francia era incondicionalmente católico, y gran parte de su reacción se remonta a la forma en que los Jacobinos trataron de suprimir la Iglesia católica.

Además, durante esta oleada reaccionaria, antiguos oponentes políticos de Robespierre y los Jacobinos fueron liberados de prisión. Los Girondinos volvieron al poder. Esto provocó una nueva oleada de represalias, esta vez dirigidas contra los Jacobinos y sus partidarios. Algunas de estas represalias fueron de carácter oficial, con la detención y encarcelamiento de Jacobinos, pero gran parte del resto tuvo lugar en las calles en forma de erupciones espontáneas de violencia reaccionaria y popular de la peor calaña. Al fin y al cabo, había muchas cuentas pendientes.

Los Termidorianos crearon aún más problemas al eliminar los controles de precios que la administración Jacobina había instituido para controlar el creciente costo de los alimentos. Esto provocó una nueva escasez y, una vez más, el ciudadano francés promedio se vio en una situación desesperante. Su desesperación condujo a lo que se ha citado como la última gran protesta de la Revolución francesa.

El 20 de mayo de 1795, una gran multitud de manifestantes franceses irrumpió en una convención política que se estaba celebrando entre los termidorianos. Justo antes de esta protesta, se aprobó una ley que otorgaba a los representantes del gobierno termidoriano un amplio poder autoritario, permitiéndoles arrestar y desarmar a los manifestantes que considerasen oportuno.

Desechando cualquier noción previa de que la ciudadanía tuviera derecho a protestar, las élites que ejercían el poder no tuvieron tiempo ni piedad con los plebeyos y utilizaron la fuerza marcial para dispersarlos y disolverlos.

Tras esta dispersión, el 21 de junio de 1795 se creó el Directorio. Los reaccionarios termidorianos estaban decididos a no dejarse influir por las anteriores reformas radicales de los Jacobinos e insistieron en una constitución más conservadora.

El Directorio era básicamente un órgano legislativo compuesto por dos cámaras: el Consejo de los Antiguos y el Consejo de los 500. El Consejo de los Antiguos era la cámara alta, que tenía autoridad para aprobar o rechazar la legislación propuesta por la cámara baja, conocida como el Consejo de los 500. El Consejo de los Antiguos no proponía nuevas leyes por sí mismo, sino que correspondía a sus miembros aprobar las reformas gubernamentales.

En la cúspide de esta estructura había un poder ejecutivo, un consejo de cinco directores. Estos cinco directores estaban formados por conocidos miembros de la élite revolucionaria: Paul Barras, Louis Marie de La Révellière-Lépeaux, Jean-François Rewbell, Étienne-François-Louis-Honoré Letourneur y Lazare Carnot.

La composición del Directorio era bastante ingeniosa y ofrecía la posibilidad de establecer el necesario equilibrio de poderes en el poder legislativo francés. Los miembros eran elegidos mediante un método indirecto por electores especialmente designados. El Consejo de Gobierno debía rendir cuentas ante el poder legislativo.

Es importante señalar que, por mucho que la Revolución francesa se inspirara en la Revolución americana, la principal diferencia radicaba en que los Padres Fundadores americanos se centraron en emplear controles y equilibrios entre los órganos de gobierno, mientras que los franceses, con sus clubes políticos compitiendo rutinariamente por monopolizar todo el poder, carecían peligrosamente de cualquier control que impidiera el abuso autoritario. Aun así, el Directorio no era más que una incipiente empresa en sus comienzos y corrió el riesgo de disolverse desde el principio.

Y desde sus inicios, hubo complots y contraplots entre diversas facciones políticas. Uno de los disidentes más infames del Directorio fue François-Noël Babeuf. Babeuf era conocido por su ideología izquierdista y era un conocido agitador en Francia. Fue encarcelado brevemente en 1790 y, tras su liberación, comenzó a trabajar en un periódico de tendencias incendiarias para difundir sus puntos de vista.

En el *Correspondant Picard*, Babeuf expuso sus ideas sobre la reforma agraria. Con ecos del futuro espíritu del comunismo, insistía en que debía haber una redistribución general de la tierra. Babeuf creía que había que reunir la riqueza ganada por otros y redistribuirla entre las masas. Despreciaba las virtudes del trabajo duro y el mérito y pretendía alcanzar por la fuerza la igualdad económica mediante la redistribución forzosa.

En el punto álgido del Reinado del Terror, en la primavera de 1793, Babeuf fue arrestado de nuevo, pero fue puesto en libertad en julio de 1794, tras la detención de Robespierre, artífice del terror. Irónicamente, Babeuf volvió a destacarse durante la oleada reaccionaria de los Termidorianos. En su loca carrera por dar marcha atrás y deshacer todo lo que habían hecho los Jacobinos, los Termidorianos prácticamente arrojaron a la calle a todos los prisioneros arrestados por el régimen Jacobino.

Pero aunque Babeuf no era amigo de los Jacobinos, pronto demostraría ser una espina en clavada en el Directorio. El 12 de febrero de 1795, Babeuf volvió a ser detenido por burlarse abiertamente de los esfuerzos de los Termidorianos. No se detendría, e incluso tras ser puesto en libertad, continuó haciendo planes para derrocar al Directorio y así poder instituir sus propios planes de redistribución de la riqueza.

Esta vez, consiguió atraer a su órbita a muchos Jacobinos descontentos. Con esta nueva coalición política, en noviembre de 1795, Babeuf comenzó a hablar de un renovado impulso a la revolución. Los esfuerzos de Babeuf serían finalmente derrotados, y sería arrestado nuevamente en mayo de 1796. Babeuf fue juzgado por traición, declarado culpable y ejecutado al año siguiente.

El impulsor del Directorio fue un general francés llamado Paul Barras. En realidad era un estrecho colaborador de Napoleón Bonaparte. Barras, abriría la puerta a la eventual entrada de Napoleón en el liderazgo ejecutivo.

Al principio, al Directorio no le fue bien, y cuando el cuerpo político de Francia entró de nuevo en un ataque de convulsiones, Francia se enfrentó a una oleada de actividad contrarrevolucionaria que amenazaba con sacar la alfombra de debajo del Directorio.

Casualmente, Bonaparte y las tropas a sus órdenes fueron capaces de evitar el colapso total del Directorio. Cuando el complejo del general estaba en el punto de mira, Napoleón colocó estratégicamente artillería a su alrededor para asegurarse de que no fuera asaltado. Bajo la guardia de

Napoleón, no se produciría otra toma de la Bastilla. De hecho, estos esfuerzos podrían considerarse los primeros pasos de Francia en su larga marcha hacia el autoritarismo.

Pero, paradójicamente, estos esfuerzos llevaron a Napoleón a ser proclamado salvador de la república. Por sus esfuerzos, fue nombrado comandante del Ejército del Interior. En esencia, Napoleón declaró la ley marcial y pudo ir de casa en casa requisando armas. Dado que la revolución y los disturbios habían comenzado con la toma de la Bastilla y la confiscación de armas, Napoleón se dio cuenta de que la única forma de mantener el orden era recuperarlas.

Curiosamente, mientras se encontraba en medio de esta búsqueda, conoció a un niño llamado Eugène de Beauharnais. Uno de los hombres de Napoleón intentaba quitarle una espada a Eugène, de doce años, pero el niño le suplicó que no se la llevara, ya que había pertenecido a su difunto padre. El joven se enfrentó a Napoleón y declaró que acabaría con su propia vida si no le devolvía inmediatamente la espada.

Napoleón sintió lástima por el chico y cedió. A pesar de sus propias instrucciones de confiscar todas las armas, hizo una excepción con Eugène. Napoleón, poco después, conocería a Josefina, la madre del chico, y ambos congeniarían casi de inmediato. Josefina se convertiría en la primera esposa de Napoleón y ambos se casarían el 9 de marzo de 1796. Aunque Napoleón no fue una figura central de la Revolución francesa en sus inicios, más tarde asumiría un rol destacado.

Desde la perspectiva de los enemigos de Francia, su principal objetivo era contener la agitación del país y asegurarse de que sus problemas no se extendieran a las regiones vecinas. Para Austria, su papel y sus objetivos eran mucho más personales. La reina de Francia, perteneciente a la realeza austriaca, había sido ejecutada. Austria estaba también muy endeudada debido a la guerra de la Primera Coalición.

Austria estaba más decidida que otras naciones a ajustar cuentas con Francia. Técnicamente, Austria estaba en guerra con Francia desde 1792, y era la que más tenía que perder si fracasaba. Y estaba decidida a salir victoriosa. Desde que estallaron las hostilidades en aquel fatídico año de 1792, la disputada región del Piamonte, en el norte de Italia, había servido como principal campo de batalla. Napoleón tiró los dados lanzando el grueso de sus tropas contra los ejércitos austriacos acampados en Piamonte, cerca de la región alpina de Francia.

Al principio, parecía que los franceses estaban destinados a perder. Golpeados y maltrechos por conflictos anteriores, carecían casi por completo de preparación. Había una gran falta de equipamiento y muchas de las tropas francesas carecían de calzado adecuado, por lo que caminaban por las montañas nevadas prácticamente descalzos.

Napoleón abordó estas necesidades justo antes de la batalla. Se dice que Bonaparte proclamó: "Soldados, estáis insuficientemente vestidos, desnutridos; el gobierno os debe mucho, pero es incapaz de devolveros nada. Deseo llevaros a los valles más fértiles del mundo. Regiones ricas, grandes ciudades estarán bajo vuestro poder. Encontraréis en esas partes honor, gloria y riquezas". Sus tropas se reunieron y fueron enviadas a toda velocidad a los Alpes para enfrentarse a los austriacos.

La primera batalla comenzó el 12 de abril de 1796, cuando las fuerzas francesas se enfrentaron a decenas de miles de soldados austriacos. Napoleón fue capaz de conducir a sus tropas a una victoria aplastante. En cuestión de instantes, la artillería francesa acribilló a los austriacos. Miles de soldados austriacos perecieron en los primeros asaltos de la batalla de Montenotte. Esta batalla dejaría miles de austriacos muertos y, finalmente, las fuerzas austriacas se vieron obligadas a emprender una precipitada retirada.

Se necesitaría alrededor de un mes de continuas y sostenidas pérdidas, pero finalmente los austriacos fueron expulsados del Piamonte. Fue un éxito impresionante, y Napoleón no tuvo miedo de presumir de su logro. Tras la expulsión de los austriacos, declaró: "¡Soldados! En quince días, habéis obtenido seis victorias, tomado veintiún colores y 55 piezas de artillería, tomado varias fortalezas y conquistado las partes más ricas del Piamonte".

Y poco después, Napoleón perseguiría a los austriacos hasta Viena. En ese momento, el emperador austriaco se vio obligado a pedir la paz. Las subsiguientes conversaciones de paz condujeron al Tratado de Campo Formio.

Este tratado fue una gran bendición para Francia, ya que le permitió a los franceses hacerse con el control de Piamonte y Lombardía (norte de Italia). También se les concedió el control de la orilla occidental de Renania. Sin embargo, los enemigos de Francia no tardarían en reorganizarse y formar una nueva coalición.

Capítulo 8: La Guerra de la Segunda Coalición y el Ascenso de Napoleón

"El campo de batalla es un escenario de constante caos. El vencedor será aquel que controle ese caos, tanto el propio como el de los enemigos".

-Napoleón Bonaparte

Una vez que Austria firmó la paz con Francia, Gran Bretaña tuvo que luchar sola contra los franceses. Sin embargo, austriacos y franceses siguieron teniendo problemas entre sí. Todavía había discusiones sobre disputas territoriales, y Austria estaba preocupada por las continuas guerras francesas en otras regiones. En el verano de 1798, los franceses lanzaron una repentina invasión de Egipto y Siria.

Napoleón sorprendió al mundo con esta hazaña, ya que parecía surgir de la nada. Sin embargo, el movimiento tenía mucho sentido. Los franceses no estaban en condiciones de invadir Gran Bretaña como hubieran deseado debido a su insuficiente fuerza naval para lanzar una invasión a través del canal de la Mancha. Pero gran parte de la riqueza de Gran Bretaña en aquella época se debía a sus posesiones territoriales y a las redes comerciales que se habían establecido a través de Egipto y hasta la India. En otras palabras, los franceses tenían la misión de cortar esta valiosa ruta de suministros.

Antes de llegar a las costas del Norte de África, las fuerzas de Napoleón Bonaparte harían escala en la isla de Malta. Allí, las fuerzas francesas asediaron a una orden de caballeros conocida como los Hospitalarios. Los Hospitalarios, cuyos orígenes se remontan a las Cruzadas, habían pasado los últimos siglos defendiéndose de las incursiones islámicas. Sin embargo, Napoleón fue capaz de hacer lo que otros ejércitos invasores no habían podido: asediar y derribar las fortificaciones de los caballeros. Tras un solo día de lucha, los caballeros izaron la bandera blanca y entregaron la isla a Napoleón Bonaparte. Los franceses disponían así de una perfecta estación de pesaje en su camino hacia Egipto.

La expulsión de los Hospitalarios por parte de Francia provocó la ira de Pablo I, zar de Rusia, que mantenía estrechos vínculos con los caballeros y había sido nombrado "protector honorario de la orden" justo antes de la toma de Malta por Napoleón. Sin embargo, Rusia no iba a declararle la guerra a Francia, sino que se mantuvo al margen para ver cómo se desarrollaban los acontecimientos.

Egipto ha cambiado de manos varias veces a lo largo de los milenios. Por supuesto, Egipto fue la tierra de los faraones, que encargaron la construcción de las pirámides. Los faraones fueron derrocados por los ejércitos de Alejandro Magno. Egipto pasó a formar parte de un imperio griego antes de ser conquistado por Roma, donde pasó varios siglos como granero de la República romana y luego del Imperio romano. Los romanos perdieron Egipto cuando los ejércitos islámicos arrasaron Oriente Próximo y el Norte de África.

El idioma de Egipto pasó a ser el árabe y su religión, el islam. Egipto sería administrado por una amplia gama de dinastías islámicas, siendo una de esas dinastías posteriores el Imperio otomano. En el momento de la invasión napoleónica, los otomanos estaban en decadencia y su dominio sobre Egipto era débil. Egipto era esencialmente autónomo, dirigido por un grupo egipcio/árabe llamado los mamelucos.

Napoleón lo sabía. Parte de su plan consistía en derrotar a los mamelucos y devolver Egipto a los otomanos para ganarse el favor del sultán. Sin embargo, su plan tenía un fallo fatal, ya que el sultán de la lejana Turquía no veía la situación de la misma manera que Napoleón. Los otomanos seguían considerando Egipto como suyo, y en cuanto Napoleón y sus tropas desembarcaron, sus acciones fueron consideradas un acto de guerra.

Las fuerzas francesas llegaron a Egipto el 30 de junio de 1798. El desembarco estuvo plagado de desafíos. Napoleón, tenía miles de soldados en suelo extranjero intentando maniobrar con artillería pesada en condiciones inciertas. No era una tarea fácil, pero a Napoleón le gustaban los retos. El 2 de julio, Napoleón y su ejército lograron llegar a las puertas de Alejandría.

Tras una lucha, tomaron una fortaleza situada junto a las murallas de la ciudad. Napoleón hizo entonces que un traductor redactara una declaración escrita, que fue entregada a los ciudadanos de la ciudad. La declaración decía: "Pueblo de Egipto. Vengo a restaurar vuestros derechos, a castigar a los usurpadores; respeto a Dios, a su profeta y al Corán más de lo que lo hicieron los mamelucos. Somos amigos de todos los verdaderos musulmanes".

Pero los egipcios no se convencieron tan fácilmente. Echaron un vistazo a esos extranjeros y decidieron que no eran los amistosos "libertadores" que decían ser. Por lo tanto, los egipcios continuaron resistiendo el avance francés. Cuando los franceses intentaron entrar en la ciudad, se encontraron con que tendrían que enfrentarse a prácticamente toda la población.

Sin embargo, los anticuados mosquetes utilizados por los defensores de la ciudad no fueron rivales para la artillería de vanguardia de Napoleón, lo que dio a los franceses una ventaja decisiva. Las fuerzas de Napoleón fueron capaces de atravesar una desesperada carga de caballería con potentes disparos de artillería. Alejandría no tardó en caer en manos de Napoleón.

Gran Bretaña respondió a las acciones de Napoleón demasiado tarde, pero aún tenía un as en la manga. La flota francesa ya había sido maltratada por los británicos; Napoleón había tomado lo que quedaba de ella para hacer el viaje a Egipto. En su prisa por llegar a Alejandría, dejó la flota desprotegida. Los británicos se aprovecharon de ello y enviaron a su armada a bombardear la flota francesa. Los barcos fueron completamente destruidos. Napoleón y su ejército quedaron abandonados en Egipto.

Napoleón sabía que no había vuelta atrás, así que pasó a la ofensiva y cargó contra El Cairo. El 21 de julio, lanzó lo que se conoció como la batalla de las Pirámides.

Durante esta batalla, Napoleón y su ejército se enfrentaron a un comandante mameluco egipcio llamado Murad Bey. El resultado fue muy parecido al de la batalla de Alejandría. El ejército Mameluco fue diezmado, y Napoleón marchó hacia El Cairo el 24 de julio de 1798.

A pesar del éxito de Napoleón, se estaba formando una fuerte coalición en su contra. De hecho, fue la formación de una segunda coalición, y daría lugar a la guerra de la Segunda Coalición.

La coalición que libró esta guerra contra Francia tardó algún tiempo en formarse. El primer paso fue cuando Nápoles se alió con Austria, uniendo sus fuerzas el 19 de mayo de 1798. El siguiente paso importante, fue cuando Rusia se alió con Nápoles el 29 de noviembre. Poco después, el canciller austriaco Johann Amadeus von Thugut intentó sumar a los prusianos, pero sus esfuerzos quedaron en nada.

Austria y Gran Bretaña no lograron una alianza formal, pero cooperarían extraoficialmente en lo que se ha denominado "cooperación ad hoc". A medida que estas alianzas oficiales y extraoficiales se iban uniendo, la siguiente pieza importante del rompecabezas se colocó en su lugar cuando los rusos se aliaron con el Imperio otomano el 23 de diciembre y luego con los británicos el 26 de diciembre de ese fatídico año de 1798.

Uno de los primeros enfrentamientos importantes de las fuerzas de la coalición se produjo al año siguiente, en el verano de 1799, cuando una fuerza ruso-británica se abrió camino hasta los Países Bajos. Lucharon contra los franceses y las fuerzas holandesas que se habían aliado con ellos. Las fuerzas británicas y rusas se vieron obligadas a retirarse de los Países Bajos luego de ser bloqueadas por las fuerzas francesas en la batalla de Castricum el 6 de octubre de 1799. Al final, las posiciones francesas y holandesas fueron demasiado poderosas y las tropas británicas y rusas se vieron obligadas a retirarse.

Mientras tanto, Napoleón había abandonado Egipto para dirigirse a Gaza, donde derrotó a una guarnición estratégica en la ciudad de el-Arish. Los franceses subieron por la costa hasta la ciudad de Acre, fuertemente fortificada. Sin embargo, esta fortaleza de Oriente Próximo resultó ser demasiado formidable, y Napoleón acabó retirándose a Egipto. Llegó justo a tiempo para recibir a un ejército británico/turco, que desembarcó el 11 de julio.

Los turcos lograron tomar la ciudad de Aboukir, pero un ejército francés reorganizado, dirigido por Napoleón, cargó contra sus posiciones. Gracias al uso de artillería pesada, los franceses pudieron diezmar a sus oponentes. Tras esta última victoria, Napoleón dejó que sus subordinados se ocuparan de la administración de Egipto mientras él regresaba a Francia en octubre. Regresó para ser testigo de los últimos problemas en el cuerpo político de Francia.

Desde el estallido de nuevas hostilidades de gran alcance, el Directorio había instituido un servicio militar obligatorio muy impopular, que obligaba a los hombres de entre veinte y veinticinco años a alistarse. La resistencia al reclutamiento era bastante común, y las tropas solían desertar frecuentemente tras ser llamadas al servicio. La moral bajó aún más cuando se supo que las tropas que decidieron luchar no estarían debidamente equipadas debido a la falta de bienes adecuados.

Muchos achacaron la incapacidad del gobierno francés para equipar adecuadamente a sus tropas a la corrupción profundamente arraigada en el Directorio. Todo este descontento condujo a otra oleada de agitación política el 18 de junio de 1799, cuando cuatro de los cinco directores del Directorio fueron destituidos. Sus sustitutos eran considerados "conservadores" y "revisionistas" que deseaban hacer retroceder la Revolución francesa para restablecer los derechos prometidos en 1789.

Cabe señalar que, aunque los derechos prometidos en 1789, como el derecho a la libertad de expresión, se consideraban liberales en la época del Juramento de la Cancha de Tenis, Francia había pasado por tanta agitación revolucionaria que estos derechos básicos eran considerados conservadores. Aunque pueda resultar difícil de entender, tiene cierto sentido. Los inquilinos radicales de Maximiliano Robespierre, que habían conducido al Reinado del Terror y, en última instancia, a la Reacción Termidoriana, parecían mucho más revolucionarios que los derechos prometidos en 1789.

Sin embargo, todavía había quienes querían más. Los derechos consagrados en la Constitución francesa les parecían insuficientes. Un grupo muy ruidoso de neojacobinos insistía en que debían mantenerse las nuevas variantes de la Constitución francesa y arengaba a los conservadores tachándolos nada menos que de "oligarcas". Napoleón se metió de lleno en la refriega, y la facción conservadora, en busca de apoyo militar, recurrió a su fuerza marcial para acabar con sus rivales.

Podrían haber buscado su ayuda, pero Bonaparte acabó derrocando al Directorio y tomó el poder él mismo. Napoleón, y sus tropas, dieron un golpe de estado el 9 de noviembre de 1799. Bonaparte ordenó desechar la constitución vigente y redactar una nueva. Bonaparte, como primer cónsul, supervisó todos estos cambios. Aunque aún no se hacía llamar emperador, el cargo de primer cónsul otorgaba a Napoleón la autoridad final sobre todos los asuntos de gobierno. Este golpe suele considerarse el final de la Revolución francesa, ya que Napoleón aportaría cierta estabilidad al país.

Napoleón continuó al frente de las tropas. A principios de junio, los franceses lograron apoderarse de Milán y luego de toda una serie de ciudades, como Pavía, Piacenza, Stradella y otras partes de la región de Lombardía. Esto cortó efectivamente las líneas de suministro austriacas que se dirigían al este a lo largo de las orillas del Río Po. Los franceses, el 14 de junio, se enfrentaron al ejército austriaco en las proximidades de Marengo. El ejército francés contaba con unos veintiocho mil hombres, mientras que el austriaco contaba con treinta mil. Además de la ventaja numérica, los austriacos tenían mejor artillería.

Pero el espíritu de lucha estaba con los franceses, y fueron capaces de expulsar completamente a los austriacos de Italia. Esta victoria no sólo consolidó las posiciones francesas en Italia, sino también la posición de Napoleón Bonaparte en el gobierno francés. El héroe conquistador Napoleón (al menos por el momento) no podía equivocarse.

Fue sólo un breve paseo hacia el absolutismo total, con Napoleón siendo nombrado cónsul vitalicio en 1802 y luego emperador de Francia en 1804. También se declaró que el manto imperial continuaría como título hereditario a través de la descendencia de Napoleón. Sí, tras varios años de terrible derramamiento de sangre en los que la monarquía francesa había sido derrocada, los franceses se encontraron de nuevo en el punto de partida al instituir una nueva monarquía absoluta.

Desde la constitución de 1791, el gobierno francés había experimentado con el republicanismo representativo, que finalmente desembocó en el Directorio y su legislatura bicameral. Sin embargo, todos estos esfuerzos se vieron frenados en seco cuando Napoleón tomó el poder. Hasta que Napoleón fue derrocado, toda la legislatura sería de naturaleza ejecutiva, y se promulgaría según los caprichos dictatoriales de Napoleón Bonaparte.

Aunque Napoleón se convirtió más tarde en emperador de Francia, es muy importante destacar el hecho de que Napoleón fue uno de los principales promotores de los ideales de la Ilustración. Sí, era un déspota, pero era un déspota ilustrado. Además, Napoleón Bonaparte es un claro ejemplo de que la historia y sus principales personajes son mucho más complicados de lo que solemos creer. Puede que Napoleón gobernara con mano de hierro, pero también se aseguró de que se establecieran muchas de las libertades básicas propugnadas por las grandes mentes de la

Ilustración.

En un extraño giro, Napoleón, un hombre cuya propia moralidad personal podría haber sido cuestionada por muchos, había sido nombrado guardián de la moralidad en Francia. Llegó cuando Francia se encontraba en una coyuntura entre la anarquía y el caos, y de repente le correspondía a él asegurarse de que las libertades personales básicas conseguidas por los franceses no se perdieran. Así que tuvo que utilizar los poderes de que disponía para evitar que eso ocurriera, aunque esos poderes eran más propios de un monarca absoluto que de un gobierno representativo.

Bajo el mandato de Napoleón, una persona era libre (al menos en su mayor parte) en Francia, pero esa libertad tenía límites. La gente no era libre de atacar, robar y brutalizar al azar a quienes no le gustaban, pero sí de tener sus propios derechos básicos siempre que no interfirieran con los de los demás. Y al igual que los derechos anteriores que propugnaba la Ilustración, estas libertades sólo afectaban a los hombres, no a las mujeres. Además, con el paso del tiempo, Napoleón reinstauró la esclavitud, que había sido prohibida por el gobierno francés en 1795.

Aun así, en muchos sentidos, las libertades básicas que Napoleón impuso crearon el tan necesario equilibrio entre las libertades básicas y un marco legal claro y estable. El Código Napoleónico esbozaba las libertades del pueblo y, al mismo tiempo, garantizaba que esas libertades no se descontrolaran como había ocurrido durante la Revolución francesa. El Código Napoleónico establecía directrices claras y concisas que no podían ser alteradas por el mero capricho de turbas apasionadas, jueces parciales u otros acontecimientos imprevistos.

En contraste con las arenas movedizas del Reinado del Terror, que había sido provocado por la Revolución francesa y suscitado todo tipo de acusaciones salvajes, cargos inventados, y el gobierno de la turba, el nuevo marco jurídico de Napoleón no se dejaría llevar por rumores y chismes. El Código Napoleónico fue creado como un sólido baluarte en el que la sociedad podía apoyarse.

El Código Napoleónico era tan estable que su legado sigue siendo una parte importante de la sociedad francesa hasta nuestros días. Así pues, sí, Napoleón fue un dictador y causó todo tipo de guerras y disturbios en numerosos países en el transcurso de sus numerosas aventuras militares. Pero también hay que reconocerle su mérito. Y debemos reconocer la estabilidad jurídica que se estableció durante la época de Napoleón Bonaparte en el poder.

Conclusiones: El Duradero Impacto de la Revolución francesa

La Revolución francesa fue un hecho trascendental en la historia de Francia y del mundo. Aunque la Revolución francesa se originó para dar respuesta a un importante dilema al que se enfrentaba el pueblo francés, sus ramificaciones acabaron afectando a todo el mundo.

Mucho se ha dicho sobre cómo muchos de los ideales y acciones de la Revolución francesa inspiraron otros movimientos mundiales, pero echemos un vistazo a un movimiento que a menudo se pasa por alto en favor, por ejemplo, de las guerras de independencia latinoamericanas. Karl Marx se inspiró en la comuna francesa de París.

La noción de que el hombre común podía sacudirse un poder enquistado como la monarquía francesa ha dejado un legado duradero. Y quienes desearan hacer lo mismo en otras partes del mundo mirarían hacia la Revolución francesa como ejemplo e inspiración.

A pesar del derramamiento de sangre, el terror y las repercusiones, la Revolución francesa destacó como una especie de faro de esperanza. Al fin y al cabo, la Revolución francesa trastornó el estado normal de las cosas y permitió al pueblo expresar sus quejas. Fue en las últimas fases de la revolución cuando este espíritu se perdió, ya que los Jacobinos y otros miembros de la élite revolucionaria quisieron tomar medidas enérgicas y consolidar sus logros. Esta tiránica maniobra ha sido ampliamente repetida por los tiranos opresores y los regímenes que se han sucedido tras las sangrientas revoluciones.

Lenin y Stalin prometieron a su pueblo el mismo tipo de libertades utópicas que los franceses. Y al igual que Robespierre en su peor momento, decidieron acabar con los revolucionarios una vez que habían cumplido su propósito.

Las élites intelectuales creían saber cómo modelar la sociedad mejor que nadie. Pretendían recrear la civilización (e incluso la espiritualidad) a su propia imagen. Nada capta mejor el colmo de esta arrogancia que el "culto al Ser Supremo" de Robespierre. Ni siquiera sus colegas pudieron evitar la perplejidad ante estos disparates. Y si no lo hubieran detenido, es muy posible que hubiera logrado su objetivo de crear una religión con él mismo a la cabeza.

Las ejecuciones y persecuciones durante la Revolución francesa, algo que se consideraban soluciones "civiles" a los problemas sociales de la época, serían aprovechadas y repetidas por los movimientos políticos más despreciables. Los franceses optaron por matar a los enemigos del Estado mediante la guillotina porque veían en este instrumento una forma humana de solucionar los males sociales que asolaban Francia.

Este era el mismo sentimiento expresado por los nazis, que optaron por crear elaboradas cámaras de gas para matar a quienes consideraban "indeseables". Los burócratas nazis, como Joseph Goebbels y Heinrich Himmler, eran notorios manipuladores de papeles que retrocedían ante la mera visión de la sangre, y sin embargo estaban de acuerdo en autorizar la muerte de millones de personas por medio del gas.

Del mismo modo, los revolucionarios franceses creían que la guillotina era una forma humana de matar a otros. De hecho, esta creencia fue profesada por el homónimo de este instrumento del Reinado del Terror, el Dr. Joseph-Ignace Guillotin. Declaró que este dispositivo de muerte, que finalmente tomó su propio nombre, la guillotina, era el mejor medio para asegurar su propio sentido "filantrópico" del humanitarismo.

Para ser justos con el Dr. Guillotin, lo más seguro es que nunca soñara que este instrumento de muerte se utilizaría para matar indiscriminadamente a gran escala. Es más probable que Guillotin concibiera este instrumento de ejecución como el último recurso y lo utilizara para ajusticiar humanamente a los criminales condenados. Previo a la guillotina, la gente era sometida a horrendas torturas y muertes crueles. Por ejemplo, la rueda de rotura era una forma popular de ejecución pública. Se ataba al criminal al suelo y se le rompían los huesos con una rueda grande y pesada, a veces con pinchos. La rueda se dejaba caer sobre el cuerpo una y otra vez, aplastando los huesos de sus víctimas. A continuación, se ataba al criminal a la rueda y se lo colocaba en un poste. El verdugo decapitaba o estrangulaba al acusado hasta la muerte. A veces, el criminal era atado a la rueda y arrojado al fuego. Incluso una decapitación típica, una forma de ejecución reservada a la nobleza, a menudo requería más de un intento para decapitar al acusado, lo que provocaba gritos de agonía en lugar de una muerte rápida.

La rueda de rotura fue abolida en 1791, pero era sólo uno de los muchos castigos atroces de la época. A la luz de esto, tiene sentido que hombres como Guillotin buscaran una forma humana de deshacerse de los criminales que no podían ser reformados. Guillotin intentó acabar con la pena capital, pero no lo consiguió. Así que, en su lugar, buscó un medio para dar muerte humanamente a los culpables de asesinato, asalto brutal y los crímenes más atroces. El Dr. Guillotin probablemente no previó que la guillotina se utilizaría para silenciar a la oposición política a gran escala.

A diferencia de Guillotin, los revolucionarios franceses que emplearon la guillotina no dudaron en utilizarla como medio para aplastar a sus oponentes. Creían que con el rápido tirón de una cuerda y el siseo de una cuchilla, los opositores políticos podían ser silenciados rápidamente sin mucho esfuerzo ni tener que oír sus gritos durante mucho tiempo. Matar era fácil. Hoy lo compararíamos con apretar un botón para deshacerse de alguien. La facilidad con que se mataba a la gente con la guillotina contribuyó a insensibilizar a los verdugos y a quienes ordenaban las ejecuciones.

Tras la caída de Robespierre, llegó Napoleón Bonaparte y devolvió la cordura a la sociedad francesa. Es cierto que era un dictador militar, pero devolvió la normalidad con su Código Napoleónico. También restauró la Iglesia. Aunque Napoleón no era especialmente devoto, probablemente pensó que si la gente necesitaba una religión, era mejor mantener la que ya conocían en lugar de crear una nueva.

Napoleón sería finalmente depuesto, y los franceses se enfrentarían a más problemas. Hubo un breve retorno a la monarquía constitucional hasta el ascenso de Napoleón III, sobrino del advenedizo imperial original. No fue hasta la caída de Napoleón III cuando Francia adoptó su forma más familiar de república moderna, con senadores y un presidente en ejercicio a la cabeza.

La historia de Francia ha dado muchas vueltas y el mundo entero se ha visto afectado por ello. A día de hoy, la Revolución francesa sigue siendo uno de los ejemplos más crudos de lo mejor y lo peor de la humanidad. La Revolución francesa nos trajo los Derechos del Hombre y del Ciudadano, pero también el "terror" de la guillotina. A los grandes pensamientos y discursos intelectuales se unió la beligerancia irracional de las turbas. La Revolución francesa fue una paradoja desconcertante que nos intriga y nos persigue hasta nuestros días.

Vea más libros escritos por Enthralling History

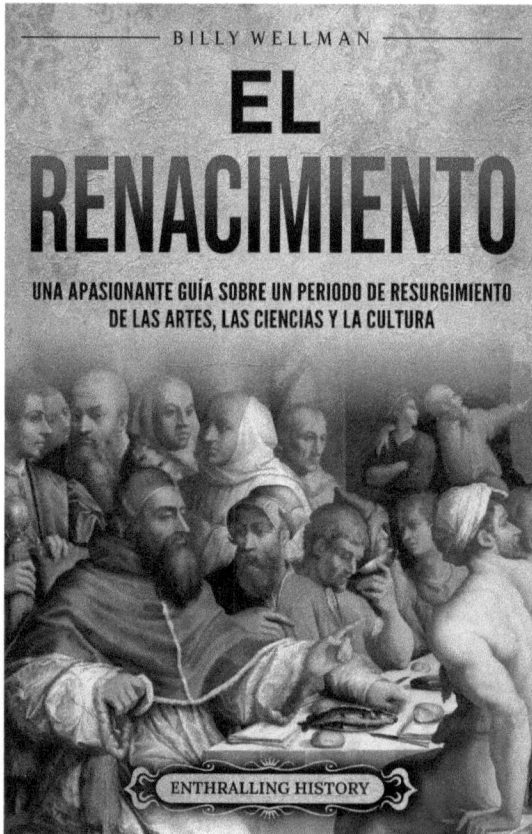

Apéndice A: Lecturas complementarias y referencias

Alexander, Martin S. *French History Since Napoleon.* 1999.

Haine, W. Scott. *The History of France.* 2000.

Popkin, Jeremy D. *A History of Modern France.* 1994.

Price, Roger. *A Concise History of France.* 2005.

Harper, Rob. *Fighting the French Revolution: The Great Vendée Rising.* 2019.

Hibbert, Christopher. *The Days of the French Revolution.* 1980.

Klar, Jeremy. *The French Revolution, Napoleon, and the Republic.* 2015.

Salvemini, Gaetano. *The French Revolution: 1788-1792.* 1954.

Schama, Simon. *Citizens: A Chronicle of the French Revolution.* 1989.

Yonge, Charles. *The Life of Marie Antoinette.* 1876.